Dieses Buch ist für Dich.

K.O.-Tropfen – Auch Du kannst morgen schon Opfer sein!

Dieses Buch möchte dazu beitragen, präventiv durch mehr Aufmerksamkeit und Wissen über K.O.-Tropfen dafür zu sorgen, dass es weniger Opfer gibt.

Dieses Buch kann Betroffenen aufzeigen, dass sie weder verrückt noch in dieser belastenden Situation allein sind.

Dieses Buch kann Angehörigen von Opfern helfen zu verstehen, wie sehr die Betroffenen leiden und wie man ihnen beistehen kann.

Mein dunkles Geheimnis,

wenn der Nebel sich wieder lichtet.

Petra Glueck

Lass Dich nicht k.o.-tropfen!!!

Die miese Droge war in meinem Glas. -

Danach war ich tot ...

Du bist nicht allein! Du hast keine Schuld!

K.O. – NO!!!
Pass auf Dich auf!

Manuela Kinzel Verlag

Viele Menschen
habe ich auf meinem schwierigen Weg getroffen.
Vieles ist anders gekommen als erwartet.
Einige haben mir geholfen, andere eher nicht.
Neue Freunde sind in mein Leben getreten!

Eine Freundin hat mir einfach zugehört, mir immer wieder Mut gemacht und fest an mich geglaubt,
da konnte ich gar nicht anders und hab angefangen, auch an mich zu glauben.

Ich bin sehr froh, dass sich unsere Wege gekreuzt haben.
Du weißt, wen ich meine.

Danke !

Für

alle Opfer von Verbrechen

unter dem Einfluss von K.O.-Tropfen

Du bist nicht allein!

Du hast keine Schuld!

Inhalt

Vorwort

Ich heiße Petra, bin 53 Jahre alt, in einer Kleinstadt in Niedersachsen aufgewachsen.

Vor 18 Jahren wurde ich unter dem Einfluss einer hohen Dosis K.O.-Tropfen von ehemaligen Mitschülern nach einem Klassentreffen vergewaltigt. An die Tat selber kann ich mich nicht erinnern, aber an die furchtbare Zeit danach umso besser.

Viele Jahre habe ich aus Scham und Schuldgefühlen geschwiegen, einfach alles verdrängt. Ich dachte, ich habe es geschafft und bin drüber weg – was für ein Irrtum.

18 Jahre bin ich vor meiner Vergangenheit geflohen.

Vor 18 Monaten wurde ich sehr krank. Meine Seele meldete sich über meinen Körper und zwang mich zuzuhören. Nun gab es keine Ausrede mehr, ich musste mich meiner Vergangenheit endlich stellen.

Mir ging es mit Mitte 30 ziemlich gut, ich hatte einen super Job, verdiente und fühlte mich gut. Mein Leben machte mir Spaß. Ich hatte Erfahrungen mit dem einen oder anderen „Kater" nach einer Feier und wusste auch, wie es sich anfühlt, einen Joint zu rauchen. Erfahrungen mit anderen Drogen waren mir fremd.

Als ich nach der Tat wieder halbwegs zu Bewusstsein kam, wusste ich sofort, etwas Schreckliches ist mir passiert. Leider habe ich völlig falsch reagiert, bin nicht zur Polizei gegangen, habe die Täter nicht angezeigt, sondern sogar alle Beweise vernichtet. Ich hab so getan, als wäre nichts passiert.
Die äußeren Verletzungen waren schnell wieder verheilt, dafür brannte in meiner Seele ein mächtiges Höllenfeuer.
Mit der Zeit wurden die Flammen immer kleiner, doch die Glut war immer zu spüren. Dann kam der Sturm, der dieses Feuer zu einem Flammenmeer entfachte und mich beinahe tötete.

Nun zwang mich mein Leben, mich mit dem Thema K.O.-Tropfen auseinanderzusetzen. Als mir 1996 die K.O.-Tropfen verabreicht wurden, konnten viele Menschen mit diesem Begriff nichts anfangen. So hatten die Täter relativ leichtes Spiel. Die Beweislage war sehr schwierig, die Glaubwürdigkeit wurde schnell in Frage gestellt.

Ich habe viel recherchiert, war immer auf der Suche nach anderen Opfern. War auf der Suche nach entsprechender Lektüre und bin leider nicht fündig geworden.
Ich war bei Vorträgen, in der Rechtsmedizin, bei der Polizei und habe mit der Staatsanwaltschaft und verschiedenen Beratungsstellen gesprochen. Alle sind sich einig: Die Gefahr wird von vielen Menschen unterschätzt. Das Thema K.O.-Tropfen erhält in den Medien lange nicht genug Aufmerksamkeit. Der Redakteur einer Tageszeitung, ich bat ihn um Hilfe, um andere Opfer von damals zu suchen, sagte mir, das Thema sei journalistisch nicht interessant, es bestehe kein öffentliches Interesse.

Da habe ich mich dann endgültig entschieden, selbst etwas zu unternehmen. Darum gibt es nun dieses Buch.
Ich habe mit vielen Menschen aller Altersgruppen über das Thema gesprochen und war erstaunt, dass sich kaum jemand Gedanken über K.O.-Tropfen macht. Folgende Aussage einer Physiotherapeutin: „Eigentlich kannst du doch ganz froh sein, dass du während der Vergewaltigung betäubt warst", gab mir sehr zu denken.
Erstaunlich viele Menschen, die ich traf, hatten bereits selber Erfahrungen gemacht. In der Klinik erzählte mir eine Patientin von folgendem Vorfall. Frühling 2014 in einer Diskothek in Kiel wurden ihr K.O.-Tropfen verabreicht. Ihr wurde übel, sie bekam Wahrnehmungsstörungen, konnte sich kaum noch auf den Beinen halten, schleppte sich aber noch zum Türsteher. Dieser hat offensichtlich sofort erkannt, was passiert war und er fragte sie, ob sie nicht auf ihr Glas aufgepasst habe. Leider wurde von dem Türsteher weder ein Krankenwagen noch die Polizei gerufen. Er setzte sie allein in ein Taxi. Wie sie nach Hause gekommen ist, wusste sie nicht mehr.

Was denkt sich so ein Türsteher? Ich glaube, viele Diskothekenbesitzer haben einfach Angst Gäste zu verlieren, wenn die Öffentlichkeit erfährt, dass ihren Gästen heimlich Drogen verabreicht werden.
Viele Menschen gehen tatsächlich davon aus, Gefahr lauert „nur" in Diskotheken.
Bei mir waren es ehemalige Mitschüler, denen ich nie etwas Böses getan habe, ich habe ihnen vertraut. Wir sind ja in der Schule immer ganz gut miteinander ausgekommen. In anderen Fällen sind es „Freunde" auf Privatfeiern, Familienmitglieder, sogar Väter oder Ehemänner, der nette Nachbar oder Onkel. Menschen werden mit Hilfe von K.O.-Tropfen ausgeraubt und und und …
Es gibt tatsächlich keine Grenzen!

Je enger die Bande, desto größer sind die Hemmungen der Opfer, sich zu wehren und zur Polizei zu gehen; typische Opferverhalten wie Scham und Schuldgefühle halten sie davon ab.
Die Dunkelziffer muss nach meinen Recherchen extrem hoch sein. Die meisten Opfer geben es aus vielen Gründen einfach nicht zu.

Wenn wir gegenseitig besser auf uns achten und nicht immer nur wegsehen würden, wenn Diskothekenbesitzer selber mehr kontrollieren würden, wenn sich Mitmenschen trauen würden zu helfen, hätten es die Täter viel schwieriger. Auch Du kannst morgen schon Opfer sein. - Kannst Du Dir vorstellen, wie glücklich Du dann über Hilfe bist?

Ich habe mich entschlossen, über meine traumatische Erfahrung mit K.O.-Tropfen in absoluter Ehrlichkeit zu schreiben. Die Schilderungen fielen mir teilweise extrem schwer, ich musste viele Pausen einlegen. Emotionen fuhren mit mir Achterbahn.

Ich hoffe, durch meine Schilderungen anderen Opfern zu helfen, ihnen zu zeigen, sie sind nicht verrückt und vor allem, sie sind nicht allein.

Ich hoffe, die Öffentlichkeit aufzurütteln, um diesem Thema viel mehr Aufmerksamkeit zu schenken und die Menschen zu sensibilisieren.
Ich hoffe, Tätern klar zu machen, was sie tatsächlich anrichten.
Endlich bin ich in der Lage, mein Schweigen zu brechen! Hier ist nun mein dunkles Geheimnis in der großen Hoffnung, damit eine Diskussion in der Öffentlichkeit anzustoßen und Opfern den Rücken zu stärken.

Erinnerung ohne Erinnerung

18 Jahre habe ich geschwiegen,
verdrängt und gedeckelt.
18 Jahre mit der Dunkelheit gelebt.
Konnte nicht reden, meine Sprache verloren.
In spitzen Ketten von den Tätern eingewebt,
maßloser Schmerz.
Erinnerung ohne Erinnerung
tat mir unendlich weh.
Nur Schmerz und Ekel haben sie mir gelassen.
Sich gefreut, dass sie mich haben betäubt.
Erinnerung ohne Erinnerung.
K.O. - danach war ich tot.
18 Jahre habe ich Masken getragen.
Konnte Erinnerung nicht ertragen.
Hart mit Verdrängung in ständiger Angst gelebt.
Es war bereits fast zu spät.
Mein Körper ist zusammengebrochen.
So hat meine Seele mit mir gesprochen.

Ich bin stolz.
Ein hartes Stück Arbeit liegt hinter mir.

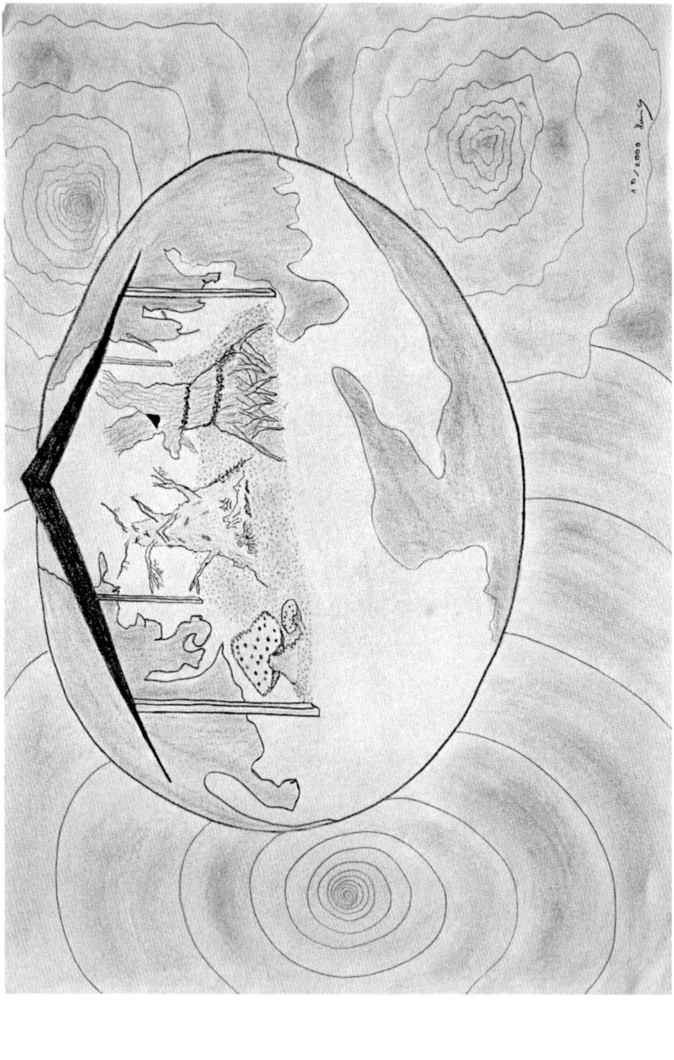

Kapitel 1

Das Aus

18 Jahre habe ich geschwiegen, wie konnte es nur so weit kommen?

18 Monate habe ich gebraucht, um mit Hilfe zu begreifen.
Jetzt will ich reden.
Das bin ich mir und allen Opfern einfach schuldig.
Ich will wieder leben.

Im Frühling 2013 verspürte ich schleichend negative Veränderungen an mir. Zunehmend bekam ich ernste gesundheitliche Probleme, die ich nicht wahrhaben wollte. Meine Konzentrationsfähigkeit verließ mich unaufhaltsam, Schwindelgefühle versuchte ich zu ignorieren. Tinnitus, mein Gott, jeder hat mal Stress. Ich konnte die Welle der vielen Symptome, die mir das Leben schwer machten, einfach nicht mehr zurückhalten. Schlaf wurde zu einem Fremdwort.

Starke Rückenschmerzen, na und, einen Bandscheibenvorfall haben viele. Erkältungen, bei dem Stress kein Wunder. Für alles hatte ich eine Erklärung, auf die Wahrheit wäre ich niemals alleine gekommen, wollte sie sehr lange nicht akzeptieren. Je weniger ich auf die Symptome achtete, desto schlimmer wurden sie. Mein Körper schrie mich praktisch immer lauter an, ich wollte taub sein.

In meinem Kopf setzte sich ein unaufhaltsames Gedankenkarussell in Gang, es war einfach nicht mehr abzustellen. Es war ein Gefühl, als hätte ich eine dicke Glocke um meinen Kopf, meine Wahrnehmung war stark gestört, Gesprächen konnte ich kaum noch folgen. Von einem Tag auf den anderen konnte ich nicht mal mehr einen einzigen Satz lesen. Was ist mit mir los, wie peinlich, das kann ich doch keinem erzählen. Werde ich nun verrückt?

Ich bekam Angst, ganz fürchterliche Angst. Mein Job war in Gefahr. Ich bemerkte, wie meine Leistungsfähigkeit immer mehr in Frage gestellt war. Ich habe immer 110% geleistet. Mir selber einzugestehen, nichts geht mehr, verursachte einfach nur Panik, Panik, Panik!

Was sollte ich nur tun? Selbst einfachste Hausarbeit wurde zu einer Herausforderung, für die ich früher jeden belächelt hätte. Ich fing an alles zu vergessen, konnte mir nicht mal merken, womit ich grad beschäftig war. Wie sollte mein Leben bloß weitergehen? Ich schämte mich so sehr für mein Versagen.

Ich arbeitete im Außendienst, wollte mich eigentlich im Urlaub erholen, doch da war es leider bereits zu spät. Im Urlaub bin ich dann endgültig völlig zusammengebrochen und musste einsehen, so geht es nicht weiter. Ein wahrer Ärztemarathon ging los, viele Untersuchungen. Inzwischen hoffte ich sogar auf einen Hirntumor oder ähnliches, um eine Erklärung für mich und mein Umfeld zu haben. Die Kündigung ließ natürlich nicht sehr lange auf sich warten, ich hatte erst vor einem dreiviertel Jahr den Arbeitgeber gewechselt. Hier wollte ich eigentlich bis zur Rente bleiben. Im Außendienst kann man nicht monatelang fehlen.
Ich funktionierte nicht mehr, bekam höllische Zukunftsangst.

Meine wunderbare und einfühlsame Hausärztin hat mich dann endlich in die richtige Richtung gelenkt und mich zu einer Psychotherapeutin geschickt. Bisher hatte ich die Diagnosen Rückenschmerzen (mein alter Bandscheibenvorfall) und Burnout, damit konnte ich grad noch umgehen.

Bei der Psychotherapeutin brach dann alles aus mir heraus, ich befand mich plötzlich wieder 18 Jahre zurückversetzt in meiner dunklen Vergangenheit. Ich war selbst so schockiert, wie ist das nur möglich? Mit dieser Therapeutin hatte ich großes Glück, sie war sehr einfühlsam und gab sich große Mühe mir zu erklären, was mit mir los ist. Hören wollte ich das aber eigentlich nicht, ich dachte, sie übertreibt bestimmt.

Hier hörte ich die Diagnose **„Posttraumatische Belastungsstörung“** zum ersten Mal, verstanden habe ich sie allerdings nicht. Mir wurde erklärt, mein Zustand sei durch die vielen Jahre der Verdrängung nun extrem geworden, praktisch wie ein Fass, das überläuft. Ich brauche dringend eine mehrwöchige stationäre Behandlung in einer speziellen Traumaklinik und danach noch eine lange Therapie von speziell ausgebildeten Traumatherapeuten, um mit dem, was mir angetan wurde, abschließen zu können. Ich stolperte von einer Fassungslosigkeit in die nächste.

Jetzt musste auch zuhause die Wahrheit raus. Wie sollte ich meinem Lebensgefährten nur die Wahrheit sagen? Ich erzählte nur ihm, was mir die Ärzte sagten und wollte auf keinen Fall, dass mein Umfeld etwas mitbekam. Wir blieben bei der Version meines Bandscheibenvorfalles, ich zog mich einfach zurück. Die Peinlichkeit Gesprächen nicht folgen zu können, ständige Wortfindungsstörungen und die penetrante Vergesslichkeit, nein, das wollte ich nicht zugeben.

Mein Lebensgefährte redete sowieso nie freiwillig über Gefühle, so schwiegen wir einfach.
Dazu kam, dass eine meiner Schwestern seit vielen Jahren an einer echten Schizophrenie leidet. Sie wurde selbst von der eigenen Familie einfach ausgegrenzt. Auch wenn alle Ärzte und Therapeuten mir etwas anderes erzählten, hatte ich natürlich lange Angst davor, ebenfalls schizophren zu werden.

Ich war mit der Suche nach einem Platz in einer Traumaklinik völlig überfordert, Wartezeiten von einem Jahr waren nicht ungewöhnlich, musste ich lernen. Meine engagierte Hausärztin besorgte mir bereits nach kurzer Zeit einen Gesprächstermin in einer Klinik.

Natürlich bekam ich inzwischen Krankengeld von meiner Kasse, was mir sehr unangenehm war. Anrufe von meiner Kasse kamen in regelmäßigen Abständen. Sie wollten wissen, wie es weitergeht. An einen Anruf kann ich mich noch besonders gut erinnern.

Dort wurde mir von einer Sachbearbeiterin am Telefon gesagt: „Nehmen Sie sich doch nicht alles so zu Herzen."

Anfang August kam dann erneut der befürchtete Anruf meiner Krankenkasse. Mir wurde berichtet, der MDK habe beschlossen, ich bin wieder gesund! Einen Tag später bekam ich dann folgenden Brief von meiner Krankenkasse:

Sehr geehrte Frau Glueck,

Sie sind seit dem Mai 2013 arbeitsunfähig erkrankt. Wir möchten dazu beitragen, dass Sie auch in dieser Situation umfassend informiert und unterstützt werden. Daher haben wir den Medizinischen Dienst der Krankenversicherung (MDK) hinzugezogen. Die dort tätigen Ärztinnen und Ärzte beraten uns mit ihrem medizinischen Fachwissen.

Wie bereits besprochen, hat sich nach Aussage des MDK Ihr Gesundheitszustand so verbessert, dass Sie sich ab dem 1. August 2013 bei der Agentur für Arbeit wieder arbeitsuchend melden können. Neben Ihrer Arbeitsunfähigkeit endet demnach auch Ihr Anspruch auf Krankengeld am 2. August 2013.

Damit wir Ihnen das Krankengeld bis zum 2. August 2013 auszahlen können, senden Sie uns bitte die beigefügte Erklärung nicht vor dem 2. August ausgefüllt zurück. Gern können Sie uns diese vorab auch zufaxen. Vielen Dank.

Um finanzielle Nachteile zu vermeiden, melden Sie sich bitte umgehend bei Ihrer zuständigen Agentur für Arbeit. Ich habe für Sie einen Nachweis über Ihren Krankengeldbezug beigefügt. Legen Sie diesen dort zusammen mit unserem Schreiben vor. Das beiliegende „Merkblatt der Agentur für Arbeit" enthält weitere wichtige Informationen für Sie.

Sollten Sie mit dieser Entscheidung nicht einverstanden sein, informieren Sie uns darüber bitte schriftlich innerhalb eines Monats, nachdem Sie diesen Brief erhalten haben.

Selbstverständlich können Sie auch persönlich in eine unserer Geschäftsstellen kommen und dort Ihren Widerspruch schriftlich aufnehmen lassen.

Nun war ich völlig verzweifelt. Ich verstand gar nichts. Der MDK hatte mich doch nicht einmal gesehen. Wie kann ein verantwortungsvoller Arzt, der den Hippokratischen Eid geleistet hat, so eine Fehlentscheidung treffen? Das stürzte mich nun in eine noch tiefere Verzweiflung. Ein dunkles grauenvolles Loch klaffte auf. Ich bestand nur noch aus Zweifeln und Ängsten und dachte über Suizid nach.

Ich fuhr voller Panik und peinlichen Gefühlen zum Arbeitsamt. Dort wollte man mich in meiner Situation natürlich nicht aufnehmen. Ich konnte zu diesem Zeitpunkt ja nicht mal mehr lesen! Mein Lebensgefährte befand sich zu diesem Zeitpunkt einige Woche zur Kur, keine Unterstützung von dieser Seite.

Die Situation verschlimmerte meinen Zustand noch einmal, obwohl ich bereits dachte, das wäre gar nicht mehr möglich. Es wurde mir so krass klar, was ich alles nicht mehr konnte. Dadurch wurden die Gedanken an meinen Tod immer lauter. So wollte ich auf keinen Fall weiterleben.

Diese Schande, mein Auftritt beim Arbeitsamt! Jeder hat gemerkt, dass mit mir etwas nicht stimmt. Ich konnte es einfach nicht mehr verbergen. Da ich immer öfter Wortfindungsstörungen hatte, wurden Gespräche immer peinlicher für mich. Nun sah es auch noch so aus, als wenn ich nicht mal mehr finanziell für mich sorgen kann. Um mich richtig zu wehren, fehlte mir einfach die Kraft.

Ich überlegte, wie ich mich umbringen kann. Angst vor dem Tod hatte ich keine, hatte ich noch nie. Ich glaube fest an ein Leben nach dem Tod. Ein anderes riesiges Problem hielt mich von diesem Schritt ab. Ich wollte auf keinen Fall, dass man meine Leiche findet. Ich hatte große Angst vor einer Leichenschändung. Da ich keine Lösung für dieses Problem gefunden habe, kam es nicht dazu. Ich habe natürlich nie mit einem Arzt oder Therapeuten über meinen Wunsch zu sterben gesprochen, die hätten mich sonst in eine psychiatrische Klinik eingewiesen.

Ich konnte mich allein nicht wehren, war viel zu labil. Das übernahm dann kurzerhand meine Hausärztin, großen Dank dafür. Oft hat sie mir in dieser Zeit geholfen, sich Zeit für mich genommen, ohne sie bezahlt zu bekommen. Sie hat sich mit dem MDK in Verbindung gesetzt und dafür gesorgt, dass ich mein Krankengeld weiter bekomme. Sie hat sich die Zeit genommen, mir einen Klinikplatz zu besorgen. Nach wenigen Wochen wurde ich dort tatsächlich bereits aufgenommen. Die offizielle Version für Freunde und Familie war, ich fahre zur Reha, um meinen Bandscheibenvorfall behandeln zu lassen. Ich konnte mit meiner Situation noch immer nicht umgehen.
Ich fand mich so peinlich und wollte nicht reden.

Die Zeit bis dahin verbrachte ich dann wie in einem Albtraum. Immer wenn die Erinnerungen an das Verbrechen mich einholen wollten, musste ich mich irgendwie ablenken. Ich fing an Fahrrad zu fahren, um damit meine körperlichen Grenzen zu überschreiten. Ich fuhr möglichst schwierige Strecken, so lange, bis ich drohte vor Anstrengung vom Rad zu fallen, kaum noch Luft bekam. Nur so war es mir möglich, meinen seelischen Schmerz auszuhalten. Selbstverletzungen, die niemand zu sehen bekam, waren auch eine Alternative, oder bis zum Umfallen trotz starker Rückenschmerzen im Garten zu buddeln. So entwickelte ich verschiedene Strategien, um für kurze Momente den Druck abbauen zu können.

Hauptsache es merkte niemand, wie schlecht es mir tatsächlich ging.

Ich hatte zwar in einigen Wochen einen Klinikplatz, aber einen ambulanten Therapieplatz für eine Traumatherapie habe ich einfach nicht gefunden.

Der Hass auf die Täter und meine Schuldgefühle wurde immer größer!

Kapitel 2

Die Diagnose: Posttraumatische Belastungsstörung

Ich habe lange nicht begriffen, was mit mir passiert. Mit dieser Diagnose konnte ich erst überhaupt nichts anfangen. Ich war der Meinung, Kriegsopfer haben ein Recht auf diese Diagnose, aber ich doch nicht.

Ich habe Wikipedia gefragt:

Eine Posttraumatische Belastungsstörung (Abkürzung: PTBS; englisch: posttraumatic stress disorder, Abkürzung: PTSD) ist eine psychische Erkrankung (ICD-10: F 43.1).

Posttraumatische Belastungsstörung eine mögliche Folgereaktion eines oder mehrerer traumatischer Ereignisse (wie z.B. das Erleben von körperlicher und sexualisierter Gewalt, Vergewaltigung, gewalttätige Angriffe auf die eigene Person, Entführung, Geiselnahme, Terroranschlag, Krieg Folterung, Katastrophen usw.)

Eine Posttraumatische Belastungsstörung entsteht weder aufgrund einer erhöhten psychischen Labilität, noch ist sie Ausdruck einer (psychischen Erkrankung) - auch psychisch gesunde und gefestigte Menschen können eine PTBS entwickeln.

Im Vergleich zu Unfällen oder Naturkatastrophen zieht die Erfahrung von menschlicher Gewalt (zum Beispiel durch eine Vergewaltigung, Krieg oder Folter) meist tief greifendere Folgen nach sich. Grausamkeiten, die Menschen als Opfer miterlebt haben, lassen sich nicht mit ihrem bisherigen Weltbild vereinbaren. Es bleibt ein namenloses Grauen, das unvereinbar ist mit dem ursprünglichen Glauben an die Existenz von Menschlichkeit.

Diagnostische Kriterien für eine PTBS:

Betroffene waren (kurz oder anhaltend) einem belastenden Ereignis von außergewöhnlicher Bedrohung oder mit katastrophalem Ausmaß ausgesetzt.

Es müssen anhaltende Erinnerungen (Nachhallerinnerungen, Flashbacks oder Albträume) oder eine innere Bedrängnis in Situationen vorhanden sein.

Betroffene vermeiden (tatsächliche oder möglichst) Umstände, die der Belastung ähneln.

Eine teilweise oder vollständige Unfähigkeit, sich an einige wichtige Aspekte des belastenden Ereignisses zu erinnern; oder

anhaltende Symptome einer erhöhten psychischen Sensitivität und Erregung.

Speechless Terror

Trauma-Patienten berichten immer wieder von speechless terror (sprachloses Entsetzen), das sie überkommt, wenn sie sich an das Trauma zurück erinnern. Sie sind oft nicht fähig auszudrücken, wie sie über die Ereignisse fühlen oder denken, und unfähig, das Trauma mit Worten zu beschreiben.

Symptome können sowohl direkt nach dem Erleben des Traumas, als auch mit einer Verzögerung von vielen Jahren oder Jahrzehnten auftreten.
Ich glaube inzwischen den Anlass zum Aus zu kennen, das Tröpfchen, welches das „Fass" zum Überlaufen brachte.

Mein Firmenauto war mit einer GPS-Überwachung ausgestattet. Ich dachte damit keinerlei Probleme zu haben, war viel im Außendienst unterwegs, bin bis zu 600 km am Tag gefahren, habe sehr viel gearbeitet und für die Privatnutzung hat die Firma einen ordentlichen Betrag meines Gehaltes einbehalten. Ordentliche Arbeit abzuliefern war für mich immer Ehrensache. Also gab es keinen Grund, ein schlechtes Gefühl wegen der GPS-Überwachung zu haben.

Und doch musste ich immer häufiger beim Autofahren an das GPS denken. Ein Kollege regte sich häufig darüber auf. Ich wusste allerdings auch warum! Angeblich wurden seine Privatfahrten von der Firma kontrolliert. Damit drang dieser kleine Stachel immer tiefer in mich ein, ich fühlte mich mit jedem Tag unbehaglicher in meinem Auto.

Dann fiel es mir zum ersten Mal auf. Morgens mitten auf der Autobahn schlief ich schon nach wenigen Kilometern einfach am Steuer kurz ein, Sekundenschlaf. Ich war zutiefst erschrocken, wie kann das sein? Es war frühmorgens, ich fühlte mich doch fit. Ich fing an, mich zu beobachten, wurde sehr wachsam. Das durfte nicht noch einmal passieren! Ein Wunder, dass ich keinen Unfall verursacht habe. Es passierte dann aber immer häufiger. Morgens, mittags oder abends. Ich war am Steuer nie mehr sicher. Ich habe dann häufige superkurze Pausen eingelegt, bin oft einfach mit offenen Fenstern gefahren. Ich habe viel Wasser getrunken, bin um das Auto gelaufen. Nichts hat lange geholfen. Wenn ich im Auto saß, überkam mich immer schneller diese bleierne Müdigkeit und meine Augen fielen zu.

Das Gefühl kontrolliert zu werden, setzte sich fest. Rückenschmerzen fingen an, mich richtig zu ärgern. Ich schob es auf die langen Fahrten, dachte, kein Wunder, wenn der Rücken dann schmerzt. Die Schmerzen wurden immer unerträglicher. Ich bekam sie einfach nicht mehr in den Griff, konnte häufig kaum noch gehen oder stehen. Konzentrationsstörungen hatte ich erst nur ab und zu, ich schrieb mir alles auf. Es war ja ein umfangreicher Job, man kann sich nicht alles merken. Plötzlich gesellte sich ein unerklärliches Schwindelgefühl dazu. Ich wurde immer nervöser, konnte mir selbst einfache Dinge kaum noch merken. Dann bekam ich einen ziemlich heftigen grippalen Infekt, hatte ein schlechtes Gewissen, schon nach kurzer Zeit in der Firma einige Tage krank zu sein. Das macht doch keinen guten Eindruck!

Nur kurze Zeit später kam der nächste Infekt. Ich fühlte mich nun ständig krank, wurde von Schmerzen geplagt. Meine Konzentrationsstörungen nahmen immer weiter zu. Schlafprobleme waren ein Dauerproblem geworden. Zwei bis drei Stunden schlafen, dann wieder plötzlich hellwach, wie angeknipst. Wahrnehmungsstörungen waren der nächste Schritt, plötzlich hatte ich ein

Gefühl, eine dicke Glocke um den Kopf zu haben. Dann die erste Panikattacke, Herzrasen, ich dachte an einen Herzinfarkt. Schlagartig fehlten mir die Worte, die ich sagen wollte. Nun war ich nur noch gestresst. Vergesslichkeit war nun mein zweiter Name, ich war rund um die Uhr extrem erschöpft, musste aber ständig etwas machen. Meine Emotionen fuhren mit mir Achterbahn. Ein beidseitiger Tinnitus machte mein Leben noch mehr zur Hölle. Ich verlor mehr und mehr die Kontrolle über mein Leben, dachte an Alzheimer und und und…

Und doch dauerte es viele Monate, bis ich diese Krankheit akzeptieren konnte. Schuldgefühle sowie das Gefühl aus der Gesellschaft ausgegrenzt zu sein machten mich immer noch „kleiner". Nicht mehr arbeiten zu können und als Kranke, die eine Modekrankheit mitmacht eingestuft zu werden, das tat weh. Ständige Angst vor der Krankenkasse und die Unfähigkeit sich zu wehren, ließen alles noch schlimmer werden.

Alles in allem war es ein typischer Krankheitsverlauf, wie ich heute weiß. Ständig mussten mir Ärzte und Therapeuten bestätigen, dass ich nicht verrückt bin.

Rachegedanken, die Täter sollen büßen!

Schlechte Gefühle drängen sich unaufhaltsam

in dein Leben.

Vergangenheit verarbeiten – die Chance

solltest du dir geben.

Kapitel 3

Der 1. Schritt

11. September 2013

Hier steh ich nun und möchte nicht weiter gehen.
Psychosomatische Klinik steht auf dem Schild vor dem Klinikeingang. Die Sonne scheint, alles fühlt sich so unwirklich an.

Hier hat mich nun also mein dunkles Geheimnis nach 18 Jahren hingebracht. Ich kann kaum auf das Schild vor mir sehen, möchte die Worte darauf wegwischen. Ich will das alles nicht! Ich bin doch nicht verrückt!
Vor mir sehe ich eine finstere Gestalt mit zwei schmutzigen Plastiktüten in die Klinik gehen. Der wird doch wohl nicht - oh doch, er geht in die Klinik! - „Nein!" schreit es in mir; ich will weglaufen.

Ich weiß keine andere Lösung; die letzten Monate waren die Hölle. Ich reiße mich zusammen - das habe ich ja 18 Jahre lang trainiert. Pure Verzweiflung sowie das Gefühl, die Kontrolle über mich zu verlieren, brachten mich dazu, auf meine Hausärztin zu hören und in die Klinik zu gehen. Nun werde ich mich hier einige Wochen wegen einer Posttraumatischen Belastungsstörung stationär behandeln lassen. Ich funktioniere nicht mehr. Oh, wie peinlich mir das ist!

Außer viel Gepäck habe ich noch eine riesige Portion Angst und Verunsicherung dabei.
Hoffnungslosigkeit, Angst und der Gedanke ab jetzt zu den „Verrückten" zu gehören machen sich breit. Ich fühle mich unendlich einsam. Ich weiß nicht genau, wie ich die letzten Monate überstanden habe.

Ich gehe gebückt und langsam durch den Eingang. Die Klinik macht einen überraschend guten Eindruck. Überall blitzt es sehr sauber und modern, mit vielen Deko- und Kunstobjekten erinnert die Eingangshalle eher an eine Hotelatmosphäre. An der Rezeption frage ich nach der Aufnahme, dann schleiche ich im Schneckentempo und mit gesenktem Kopf in Richtung Aufnahmebüro. Ich denke, hoffentlich sieht mich niemand, den ich kenne, da ich nur einige Kilometer von meinem derzeitigen Heimatdorf entfernt bin. Zu allem Überfluss ist mein ehemaliger Arbeitgeber Lieferant in dieser Klinik. Auch das noch!

Natürlich! Wie ich befürchtet habe, sehe ich auf dem Flur vor der Aufnahme den „abgerissenen Typen" mit seinen Plastiktüten wieder. Sofort meldet sich mein Bauch auf sehr unangenehme Weise mit: „Los, renn weg! Du gehörst hier nicht hin!" Aber ich bleibe und warte, bis ich an der Reihe bin.

Alle sind sehr freundlich zu mir, irgendwie habe ich das nicht erwartet. Die Aufnahmeformalitäten sind vollkommen unkompliziert. Ein netter älterer Herr begleitet mich mit meinem Gepäck auf mein Zimmer. Ich bekomme ein sehr großes Einzelzimmer mit Fernseher und eigenem Badezimmer. Der einzige Nachteil ist: Das Zimmer liegt direkt an einer viel befahrenen Hauptstraße.

Ich richte mich kurz ein und desinfiziere das Bad und den Teppichboden, damit ich mich einigermaßen wohl fühlen kann. Dann muss ich bereits auf die Station, die drei Etagen über meinem Zimmer liegt. Dort begrüßen mich die Schwestern meiner Station auch wieder sehr freundlich und führen ein erstes Aufnahmegespräch mit mir. Anschließend habe ich einen Termin bei dem Stationsarzt für das ärztliche Aufnahmegespräch. Ich bekomme nur halb mit, was er mir alles erzählt. Ich kann mir einfach nichts merken, die „dicke Glocke" um meinen Kopf verhindert mal wieder, dass ich dem Gespräch folgen kann. Dr. B. ist ein sehr einfühlsamer Arzt und nimmt sich sehr viel Zeit für mich. Dann kommt der Satz, der sich tief bei mir einbrennt, er sagte: „Sie sind schwer krank. Sie glauben, Sie haben eine Erkältung, aber Sie hatten einen Herzinfarkt!"

Eigentlich kam ich mit der Option in die Klinik, dass nach vier Wochen Behandlung wieder alles in Ordnung ist. Diese Hoffnung wurde mir häppchenweise genommen. Nun war plötzlich die Rede von einer Stabilisierungsphase, um später (bei einem weiteren Klinikaufenthalt) die eigentliche Traumatherapie durchführen zu können.

Ich glaubte ihm kein einziges Wort und wir erstellten gemeinsam meinen Behandlungsplan für die nächsten Wochen. Die Einnahme von Psychopharmaka lehnte ich ab. Meine Angst durch die Medikamente die Kontrolle zu verlieren war extrem groß, da ging ich lieber bei vollem Bewusstsein durch die Hölle. Ich bekam eine sogenannte „blaue Laufkarte" für meine Behandlung, die ich bei jeder Anwendung vorzeigen sollte. Auf dieser Karte las ich nun plötzlich eine weitere Diagnose. Dort stand „schwere Depressionen". Ich war der Meinung, es kann sich nur um einen Fehler handeln, der Arzt hat sich vertan. Ich hatte noch nie in meinem Leben Depressionen und schon gar keine schweren. Ich nahm mir vor, diesen Fehler bei meinem nächsten Arzttermin korrigieren zu lassen. Dann habe ich die blaue Karte einfach geknickt, damit man die Diagnosen nicht lesen konnte. Ich fühlte mich unendlich schlecht und hatte wieder Angst „verrückt" zu werden.

Hass auf die Täter, die mir das angetan hatten, spielte sich in den Vordergrund, Mordgedanken schossen mir durch den Kopf. Ich hätte sie in diesem Moment sehr gerne gefoltert, um mein Gefühl der Hilflosigkeit zu vertreiben. Wie konnte mir das nur geschehen, warum habe ich nicht auf mich aufgepasst? Eines Tages werde ich sie töten. Rachegedanken halfen mir dabei, mir die Behandlungsmethoden zumindest mal anzusehen.

Bisher hatte ich in meinem Leben immer anderen Menschen geholfen. Den Gedanken mir helfen zu lassen, konnte ich noch nicht zulassen. Mein Tinnitus wurde unerträglich laut, meine Seele schrie mich an. Ich war mit der Situation erneut völlig überfordert.

Vor meinem ersten Therapeutengespräch war ich extrem aufgeregt. Frau Dr. S. ist speziell ausgebildete Trauma Therapeutin. Nach dem ersten Gespräch wollte ich nie wieder zu ihr. Allerdings legte sich das nach dem zweiten Gespräch. Bereits nach kurzer Zeit konnte ich ganz offen mit ihr über meine Probleme sprechen. Ich hatte Glück, denn sie gehört zu den kompetenten und sehr einfühlsamen Ärztinnen/Therapeutinnen. Sie hat mich durch diese schwere Zeit meines Lebens begleitet. Egal wie schlecht es mir ging, nach jeder Therapiestunde mit Frau Dr. S. fühlte ich mich wenigstens kurzfristig immer etwas zuversichtlicher.

Ich litt, wie viele PTBS-Patienten, unter schweren Panikattacken. Besonders schlimm war es nachts, wenn die Schwestern ihre Kontrollgänge machten. Das Schließgeräusch des Schlüssels löste extreme Panikattacken aus und ließ mich bewegungsunfähig werden.

Gegen Ende der Klinikzeit lerne ich Stefanie, eine Mitpatientin, kennen. Ihr wurde ebenfalls schwere Gewalt angetan. Sie ist wesentlich jünger als ich, aber wir waren uns sofort sympathisch. Mit Stefanie konnte ich das erste Mal mit einem anderen Menschen über mein traumatisches Erlebnis sprechen. Sie begleitet mich noch immer auf meinem Lebensweg und ist ein sehr wichtiger Mensch in meinem Leben geworden.

Ganz zögernd sah ich ein, dass ich krank bin und nicht nur mit meinem Rücken und dem alten Bandscheibenvorfall kämpfe.

An einem Abend bot die Klinik als Freizeitgestaltung einen Vortrag zum Thema Burnout an. Der Autor ist selber durch Burnout und Mobbing depressionserfahren. Nach seiner Genesung schrieb er ein Buch zu diesem Thema und war für eine Lesung aus diesem Buch in die Klinik gekommen. Ich dachte schon länger darüber nach, ein Buch zu schreiben, fand den Gedanken aber immer wieder absurd. Der Autor hatte es einfach gemacht und stand nun vor vielen Patienten, die ihm alle neugierig zuhörten. Ich war sehr beeindruckt! Er machte absolut keinen kranken

Eindruck und ging sehr selbstbewusst mit der Krankheit um. Er schilderte viele unangenehme Situationen und Probleme aus seinem Leben und machte mir damit Mut. An diesem Abend meldete sich ganz tief versteckt in mir eine leise Stimme und ich beschloss, wieder aufzustehen. Ich spürte so etwas wie Kampfgeist in mir. Also hatte ich mich doch nicht ganz verloren. Ich wusste zwar, noch war es nicht so weit, aber bald werde ich für mich kämpfen können, für meine Gesundheit, aber auch für Gerechtigkeit. Ich wollte die Täter nicht mehr davonkommen lassen. Sie sollen wissen: Ich stehe wieder auf.

Erkenntnis: Ich bin von meinem Lebensweg abgekommen und frage einfach Mitmenschen nach dem Weg. Laufen kann ich ja dann alleine!!!

Es gäbe noch sehr viel (Positives aber auch Negatives) über meinen ersten Klinikaufenthalt zu berichten, doch das ist in diesem Buch nicht das Thema. Frau Dr. S. hat mir sehr auf meinem schweren Weg geholfen. Dafür werde ich ihr immer dankbar sein. Ich hatte einen Sportunfall, wobei ich mir das Steißbein verletzte. Für kurze Zeit habe ich mich dann doch überreden lassen und mich mit katastrophalen Folgen auf Medikamente eingelassen. Ich sammelte viele gute, aber auch schlechte Erfahrungen, erlebte gute und sehr schlechte Zeiten, bekam wegen der Schwere meiner Erkrankung eine Verlängerung für den Krankenhausaufenthalt.

Am 22.10.2013 wurde ich mit der Option auf eine Intervallbehandlung entlassen. Mit der Hoffnung diese nicht zu benötigen, und auf jeden Fall die Täter auch noch nach 18 Jahren mit ihrer Tat konfrontieren zu können, fuhr ich nach Hause. Einen Platz für eine ambulante Traumatherapie hatte ich leider, trotz wochenlanger Suche bereits in der Klinik, immer noch nicht gefunden. So wurde ich mit meinen Problemen wieder alleine gelassen. Hilfe bei der Therapeutensuche gab es weder von der Klinik noch von der Krankenkasse.

Ich fang an, nach den Tätern zu suchen!

Trigger

Ein persönliches Beispiel zur Erklärung:

Bereits die erste Nacht im Krankenhaus wurde zum Albtraum.

Ich bekam ein sehr schönes Zimmer, lag in meinem Bett. 22 Uhr: Die Nachtschwester schließt von außen meine Zimmertür auf. Das Klappern des Schlüssels lässt mich erstarren, Angst macht sich breit. Ich bin durch das Schlüsselgeräusch sofort in der Vergangenheit gefangen, ich höre, wie die Täter über mich lachen, und kann mich nicht mehr bewegen. Ich verstehe nicht, was mit mir passiert. Die Schwester fragt mich, ob alles in Ordnung ist. Ich kann nicht sprechen, nicke nur. Sie merkt nichts, Gott sei Dank! Ich will wach bleiben.

Irgendwann döse ich dann doch etwas ein. Gegen zwei Uhr höre ich plötzlich wieder die Nachtschwester und das Schlüsselgeräusch. Ich schrecke extrem hoch, Herzrasen, Panik, Panik, Panik! Erneut bin ich in der Tatnacht gefangen und höre die Täter lachen. Ich bin wieder bewegungsunfähig und kann nicht sprechen. Die Schwester merkt auch diesmal nichts!

In der Klinik lerne ich: Mein Körper reagiert auf einen sogenannten Trigger (engl. Auslöser). Das ist nichts Ungewöhnliches bei einer Posttraumatischen Belastungsstörung. Ein Trigger ist also ein Auslöser, in diesem Fall das Schlüsselgeräusch, was sofort eine Verbindung zu dem traumatischen Ereignis herstellt. Ein Trigger erinnert die Betroffenen an ihr Trauma, ohne dass ihnen das bewusst ist. Wie viel Zeit zwischen Trauma und Triggersituation vergangen ist, spielt keine Rolle. Alle negativen Emotionen, die in einer traumatischen Situation gefühlt wurden, werden erneut wachgerufen. Es ist, als befinde man sich wieder in genau dem Zustand, als das Trauma geschah. Dies können außer Geräuschen auch bestimmte Menschen, Gerüche, Töne und so weiter auslösen.

Einsicht

Die Nacht mal wieder dunkel –
ich fühl mich klein und leer.
Vergangenheit verstehen – das möchte ich so sehr.

Nachts, wenn der Schlüssel klappert –
dann holt mich alles ein.
Auch nach so vielen Jahren –
fühl ich mich angsterfüllt, sehr klein.

Bloß keinem was verraten – so wollt ich es lange Zeit.
Der Hals schmerzvoll verschlossen –
jetzt endlich bin ich so weit.

Erinnerungen in meinen Kopf geschossen –
so leise und so still.
Sie wurden immer lauter – nachts dann sogar schrill.

Ein Berg vor mir so hoch und steil –
ich brauch nen Anker und ein Seil.

Tief in mir dunkle Wahrheit steckt –
ich will darüber reden.

Noch einmal durch die Hölle gehen –
dann endlich wieder Sonne sehen.

Anfangen frei zu leben – das ist nun mein Bestreben.

Die Nacht ist zum Relaxen da
und soll mich nicht mehr quälen!

**Vorbei das lange Schweigen –
ich werde anderen Opfern
einen besseren Weg zeigen!**

Kapitel 4

Der 2. Schritt

23.10.2013: Gestern Abend bin ich mit Stefanie zum Abschied noch was trinken gegangen. Wir wollen in Kontakt bleiben. Ich fühle mich müde und ausgelaugt, so hatte ich mir das nicht vorgestellt. Das war nun also meine Stabilisierung. Angst vor dem Alltag meldet sich.

Zuhause werde ich verhalten von meinen Katzen begrüßt, Püppi und Daisy. Sie sind ziemlich sauer, weil ich mich in letzter Zeit so selten hab blicken lassen. Mein Lebensgefährte muss arbeiten. Heimlich hoffe ich wenigstens auf einen Blumenstrauß zur Begrüßung.

Ich fühle mich schon wieder völlig überfordert, muss noch heute wegen des Zahlscheins zu meiner Ärztin. Einen Therapieplatz suche ich nun schon seit Monaten vergeblich. Unterstützung dabei von der Krankenkasse – Pustekuchen!

Die Nachwirkungen von meinem Sportunfall in der Klinik machen mir zusätzlich sehr zu schaffen. Mein Rücken bringt mich fast um. Die Enttäuschung, dass mich auch nach der Klinikzeit noch alle Symptome quälen, ist sehr bedrückend. Ich fühle mich sehr einsam und habe große Zukunftsangst.

Auf der Suche nach einem Platz für eine Traumatherapie werde ich von vielen Therapeuten sehr enttäuscht. Sie reagieren auf die Nachrichten auf ihren Anrufbeantwortern meistens nicht! Einmal soll ich mich sogar verpflichten, selbst wenn ich einen Termin rechtszeitig absage, zum Beispiel wegen Erkrankung, diesen dann privat zu bezahlen, die Kasse zahlt ja nur erbrachte Leistungen. Ich wurde häufig richtig unter Druck gesetzt. Lichtblicke in dieser Zeit: Ich darf noch sechs Mal an der Gruppentherapie in der Klinik teilnehmen und Stefanie treffen. Meine Einzeltherapeutin aus der Klinik findet Wege, wie ich sie wenigstens einmal monatlich besuchen kann, solange ich keinen anderen Platz finde. Daran halte ich mich fest.

Die Suche nach den Tätern geht weiter, eine Adresse habe inzwischen ermittelt. Eine Dame vom Weissen Ring besucht mich zuhause. Ich bekomme Unterstützung. Sie vermittelt mir eine Fachanwältin für Sexualdelikte. Ich wage den Schritt: Ein Täter wird 18 Jahre nach der Tat angeschrieben. Es ist mir so wichtig, dass er weiß, ich stehe auf!

Die zweite Adresse ist viel schwieriger zu ermitteln, aber ich finde erstaunliche Hilfe, die ich hier nicht weiter ausführen werde, aber wofür danke sagen möchte.
Dann erhalte ich die Nachricht, er ist bereits vor Jahren verstorben. Gerüchte, er war im Gefängnis, halten sich hartnäckig. Sein Tod soll nicht schön gewesen sein. Meine Gefühle: Erleichterung und Enttäuschung. Erstens: Weil er wohl elendig verreckt ist (halte ich für ein sehr gerechtes Schicksal). Zweitens: Leider kann ich ihn nun nicht mehr anschreiben lassen.

Ich finde keine Ruhe, kann noch immer nicht lesen, drifte immer wieder ab, kann mich häufig nicht erinnern, was ich in den letzten ein oder zwei Stunden gemacht habe. Irgendwie rutsche ich ins Nirvana. Panikattacken gehören inzwischen zu meinem Alltag und immer wieder diese lähmenden Schuldgefühle. Wann hört das endlich wieder auf?

Dass ich noch immer nicht wieder arbeiten kann, ist ganz besonders schlimm. Trotzdem sehe ich immer wieder nach Stellenangeboten. Ich versuche trotz der Konzentrationsstörungen Bewerbungen zu schreiben, scheitere kläglich, fühle mich dumm und nutzlos.

Hoffnungslosigkeit, ich verliere immer wieder den Mut, habe große Angst, nie wieder „normal“ zu werden. Ich besuche Seminare zum Thema Depressionen, um mich selber besser zu verstehen. Die vergebliche Suche nach einem Therapieplatz kostet mich enorm viel Kraft.

Ich gehe zur Krankengymnastik, hole mir bei meinem Orthopäden die Rezepte dafür. Er fragt mich, wie es mir inzwischen geht. Ich berichte von der Klinik und meiner Diagnose *Posttraumatische Belastungsstörung*. Er sagt zu mir, ich soll lieber von einem Burnout reden, das hört sich besser an.
Ich bin mal wieder fassungslos und kann nicht antworten.

Peng, da hat mein schlechtes Gewissen wieder Futter bekommen und kann wachsen. Hätte ich doch nur eine „anständige Krankheit" wie Krebs oder einen Hirntumor, das würden die Menschen wenigstens verstehen. Selbstmordgedanken werden wieder stärker, aber wohin bloß mit meiner Leiche? Noch immer ist mir keine Lösung eingefallen.
Rachegedanken melden sich wieder, die Täter werden ihre Strafe bekommen. Ich will unbedingt dafür sorgen.

Dann endlich, ein Lichtblick am 20.11.2013. Juchhu! Ich habe einen Termin und bekomme vielleicht einen Platz für eine Traumatherapie. Mit riesigen Erwartungen fahre ich in die Ambulanz. Ein sehr nettes Gespräch folgt, allerdings stellt die Therapeutin nur fest, dass ich in dieses neue „Trauma Programm" hineinpasse. Ich bekomme das OK und einen neuen Termin. Mitte Januar 2014. Na ja, ich warte schon so lange, trotzdem ein Lichtblick.

In der Klinik habe ich einen Schnupperkurs für Bauchtanz besucht, dieser hat mir sehr gut getan.
Nun suche ich mir eine Tanzschule und gehe einmal wöchentlich zum Bauchtanz. Hier wird nicht viel geredet, sondern einfach nur Bauchtanz trainiert. Männer sind ausgeschlossen, was mir sehr wichtig ist. Meinem Rücken tut das erstaunlich gut, hier weiß man nichts von meiner Krankheit. Hier fühle ich mich halbwegs „normal", vermeide aber engeren Kontakt mit den anderen Frauen, damit sie nichts merken.

Im Januar ist dann endlich mein Gespräch wegen der ambulanten Traumatherapie. Ich hatte schon fast nicht mehr daran geglaubt, aber endlich hatte eine echte Traumatherapeutin für mich Zeit – was für ein Gefühl! Hoffnung meldet sich – vielleicht wird doch noch alles gut. Kurze Zeit später habe ich meine festen Termine, jede Woche montags darf ich nun 50 Minuten zu einer Traumatherapie kommen. Zusätzlich habe ich dann sogar noch Ergotherapie bekommen. Ich konnte es kaum glauben. Aber das Beste, meine Therapeutin ist auch richtig gut!

Im März kam dann die Genehmigung von der Krankenkasse, ich sollte erneut in die Klinik, um eine weitere stationäre Traumatherapie zu bekommen. Die Klinik gab mir einen Termin im Mai für die Aufnahme, rief mich dann bereits am siebten April an, ich könne sofort kommen. Da dachte ich noch: Wow, was für ein Glück! Ich packte wieder meinen Riesenkoffer und fuhr mit großer Hoffnung am neunten April für sechs weitere Wochen in die Klinik.

Endlich hatte die lange Wartezeit ein Ende - jetzt wollte ich über alles reden!

Einen Tag vorher kam Post. Der Rechtsanwalt des Täters hatte meiner Rechtsanwältin geschrieben. Ich nahm den Brief mit in die Klinik und wollte ihn dort mit meiner Therapeutin öffnen. Inzwischen besaß ich sogar Fotos von den Tätern. Diese nahm ich ebenfalls mit, allein ansehen konnte ich sie noch nicht.

Doch dann kam alles anders!

Glueck

Ich liebe mich jetzt so wie ich bin.
Dadurch bekommt mein Leben endlich wieder
einen Sinn.

Ich freue mich auf eine fruchtbare Zeit, sehe
meinen Weg,
ich bin soweit.

Lange habe ich mein Glueck
ferngehalten,
dadurch konnten andere
mein Leben gestalten.

Nun kehre ich zu mir zurück,
denn nun weiß ich,
in mir liegt mein Glueck!

Licht!

Fühlst Du Dich manchmal müde und leer?
Fällt Dir das Leben dann recht schwer?

Um Dich herum alles stumpfsinnig, dumm.
Als wenn alle geh'n um das Leben herum.

Ändern kannst Du diese Welt nicht.
Aber in Dich hineinschauen und sehen ein Licht.

Ein winziger Punkt nur ist in Dir drin.
Was hat dieser Punkt wohl für einen Sinn.

Du kannst ihn wieder vergraulen,
vergessen, laut jammern und heulen.

Oder Du siehst mal in Dich hinein.
Dann wirst Du entdecken den kleinen Schein.

Stärke, Mut und Liebe gibt Dir Dein Licht!
Auch wenn Deine Welt zusammenbricht.

Es lohnt sich der Kampf auf dieser Welt!
Damit sich das Licht in Dir wieder erhellt.

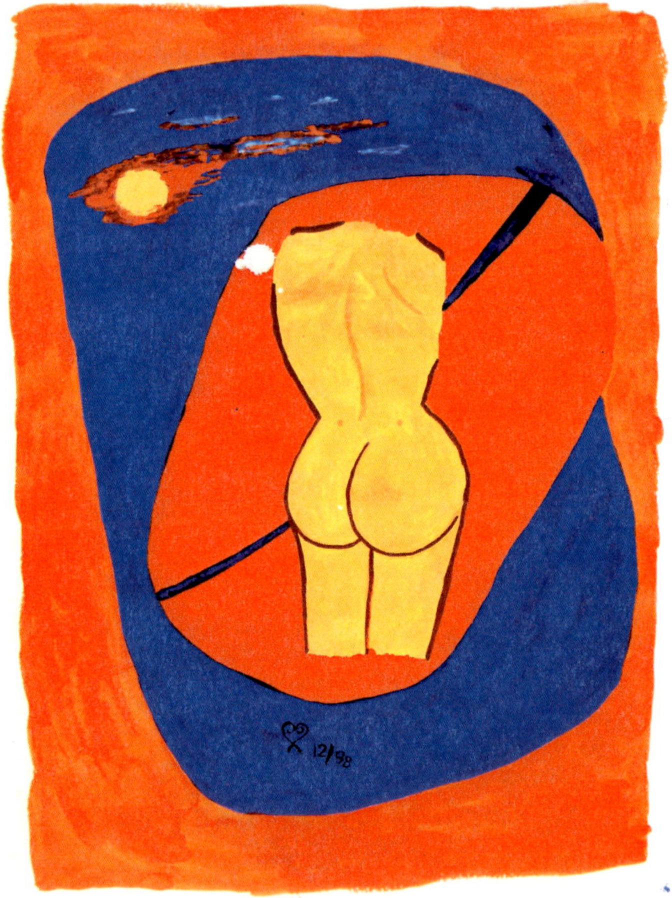
12/98

Kapitel 5

Der 3. Schritt

9.4.2014: Ich fahre gleich früh in die Klinik, mit deutlich besserem Gefühl als beim ersten Mal. Ich freue mich auf die Traumatherapie und bin hoch motiviert. Ich will reden.
Wieder bekomme ich ein großes Zimmer, diesmal sogar mit Kühlschrank. Leider ist Dr. B. krank, also erfolgt die Aufnahme bei einer anderen sehr jungen Ärztin. Da ich die Klinik bereits kenne, habe ich mir einen Zettel gemacht, ich vergesse ja sonst, was ich alles möchte oder eben nicht.

Wir machen einen Plan. Ich darf sofort zur Gruppentherapie und glaubte, diesmal läuft ja alles wie am Schnürchen. Doch zu früh gefreut. Meine Traumatherapeutin vom letzten Mal hat die Klinik verlassen. Ich bekomme **keine Traumatherapie** und lande bei einer Verhaltenstherapeutin. Diese sehe ich dann erst eine Woche später das erste Mal. Meine Enttäuschung ist riesig, die Therapeutin für mich völlig ungeeignet. Sie sagt mir, ich solle doch endlich mal das Trauma vergessen. Ich soll mir einfach ein Buch (als mein Lebensbuch) mit einer weißen Seite vorstellen. Ich werde ja sowieso niemals eine Erinnerung bekommen. Sie rät mir also tatsächlich, einfach wieder alles zu deckeln. Sie sagt, sie habe keine Erfahrung im Bereich der Traumatherapie. Das Osterwochenende steht vor der Tür, daher fallen auch gleich danach die Therapiestunden wieder aus. Wegen der vielen Feiertage um diese Jahreszeit fallen in den nächsten Wochen noch viele Therapiestunden aus oder finden nur verkürzt statt.

Ich nehme alle Sportangebote mit, die ich bekommen kann, versuche zusätzlich über Bewegung mit meiner bewährten Methode der Überanstrengung klarzukommen. Frühstück und Abendessen nehme ich nur auf meinem Zimmer zu mir. Im Speisesaal muss ich mir jedes Mal einen neuen Platz suchen, häufige Triggersituationen im Speisesaal machen mir das Leben zusätzlich schwer. Die Organisation in der Klinik ist nicht zu verstehen. Viele Patienten haben Probleme, ständig hört man sie schimpfen.

Mein Lichtblick: Stefanie kommt eine Woche nach mir auch wieder in die Klinik. Was für ein Zufall, aber wohl eher eine glückliche Fügung des Schicksals. Wir freuen uns sehr, haben viele tolle Gespräche. Eigentlich hat mir Stefanie die Therapeutin ersetzt. Stefanie bekommt doch tatsächlich zwei Wochen lang keinen Therapieplan. Nur weil sie sich in der Klinik bereits auskennt, nimmt sie trotzdem an verschiedenen Kursen teil. Wir versuchen, das Ganze mit Humor zu nehmen.

Ich nehme allen Mut zusammen, beschwere mich beim Chefarzt wegen der wenigen kurzen Einzeltherapien und frage nach einer Traumatherapie. Seine Antwort: Traumatherapeuten sind nicht verfügbar, durch Feiertage und Krankheit müssen leider Therapiestunden ausfallen. Er kann das nicht ändern. Angst vor der Krankenkasse lässt mich trotzdem in der Klinik ausharren.

Aber ich habe mir Einzelsitzungen bei der Ergotherapie erkämpft, sie ist eine ungewöhnlich einfühlsame Therapeutin und hilft mir sehr. Sie besitzt ein unglaubliches Gespür dafür, was meine Seele gerade benötigt. Diese Sitzungen und die Gespräche mit Steffi sind diesmal meine Einzeltherapien, unglaublich, aber wahr.

Dann fährt meine Verhaltenstherapeutin in den Urlaub, ich bekomme wieder einen Verhaltenstherapeuten. Man soll ja immer das Gute suchen. Also habe ich hier Erfahrungen gesammelt, wie negativ sich Einzelsitzungen auswirken können. Mir ging es hinterher immer wesentlich schlechter als vorher. - Oft habe ich mich gefragt, wie deren Ausbildung wohl verlaufen ist.

Ein ungutes Gefühl beschlich mich, hier meine Zeit zu vergeuden. Schließlich hatte ich ja nun nach vielen Monaten einen ambulanten Traumaplatz gefunden. Über mein Trauma wollte hier kein Therapeut mit mir sprechen - da sie ja keine Traumatherapeuten waren.

Wie verrückt das Leben spielt ... Nun wollte ich endlich über mein Trauma reden, aber die Therapeuten nicht. Wenn mich die

Krankenkasse mit ihrer Zahlungseinstellung nicht so verunsichert hätte, dann wäre wohl eine Bitte um Hilfe an dieser Stelle richtig gewesen. Doch ich hatte einfach Angst, noch mehr Nachteile zu haben.

Ich überforderte mich sportlich so sehr, dass ich nach vier Wochen kaum noch laufen konnte. Meine Kniegelenke fingen extrem an zu schmerzen. Wie es mir ging, interessierte offensichtlich diesmal in der Klinik niemanden. Mein Zimmer war nicht auf der Station, sondern drei Etagen unter dem zuständigen Schwesternzimmer, daher sah ich die Schwestern eher selten. Abends rief ich kurz auf der Station an und meldete mich ab. Da ich noch immer stark unter den Triggersituationen litt, kam nachts beim Rundgang keine Schwester in mein Zimmer. Morgens ging die Tür nur kurz auf, ein kurzes „Hallo" folgte. Tabletten nahm ich keine. Wenn ich im Zimmer gestorben wäre, hätte man mich erst ziemlich spät entdeckt.

Visiten standen zwar jeden Tag offiziell auf meinem Behandlungsplan, fanden aber nur statt, wenn ich mich einen Abend vorher angemeldet habe. Da ich ja doch nichts an meiner Situation ändern konnte, habe ich dies nur selten getan.

Einen Lichtblick gab es dann doch noch. Der Autor kam in der Klinik vorbei und hielt wieder einen seiner Vorträge. Ich hatte ihm inzwischen zwei Gedichte von mir für sein Buch geschickt. Nun sollte ich diese lesen, er wollte sie für seine Sendung im Radio aufnehmen. Ich war so aufgeregt und habe mich natürlich verhaspelt. Er hat mir damit wieder so viel Mut gemacht. Nie schien er an meiner Gesundung zu zweifeln. Wir wollten weiter in Kontakt bleiben.

Tja, dann tatsächlich der große Tag: Meine Stimme mit meinem Gedicht im Radio, Stefanie war natürlich dabei. Wir waren zu viert auf einem Patientenzimmer, was eigentlich streng verboten war. Ich erkannte meine Stimme fast nicht. Das war sehr aufregend und gab mir Zuversicht. Alle fanden mein Gedicht ganz toll. Ich war ziemlich stolz auf mich.

Dann durfte ich noch einen Höhepunkt erleben. Ich hatte bereits bei meinem ersten Klinikaufenthalt in der Ergotherapie einen Kopf mit zwei Gesichtern getöpfert. Dieser stellte die Täter da.
Einen Text, um mich von der dunklen Vergangenheit zu befreien, sowie Fotos von den Tätern stopfte ich dort hinein. Nun war für mich der Zeitpunkt gekommen: Ich wollte den Kopf samt Inhalt versenken. Stefanie half mir dabei und machte mit.
Wie und wo genau wir das taten, werde ich hier nicht verraten, wir haben uns beide dabei sehr wohl gefühlt.
Wir haben losgelassen, gelacht, geweint, laut geschrien und viel gewonnen. Wir erinnern uns beide sehr gerne an dieses Gefühl eines positiven Neuanfangs.

So habe ich dann auf eine etwas andere Weise doch irgendwie eine Form der Traumatherapie, die mich ein Stückchen weiterbrachte, bekommen.

Nach sechs Wochen konnte ich kaum den Zeitpunkt abwarten, die Klinik zu verlassen. Ich werde mich dort nie wieder behandeln lassen.

Die Freude, nun endlich wieder meine ambulante Traumatherapeutin besuchen zu dürfen, war sehr groß. Termine hatte ich bereits gemacht. Da ich in der Klinik nicht über mein Trauma reden konnte, fuhr ich nach Hause und fing an zu schreiben. Inzwischen hatte ich das Gefühl, wenn ich nicht endlich darüber reden kann, werde ich daran ersticken!

Vorbei

Weinendes Herz.
Kopf im Nebel.
Gedanken kreisen um Mord.

Warum? Warum? Warum?

Konnte mich nicht beschützen.
Habe euch vertraut.
Mein Leben voller Angst, vorbei.

Warum? Warum? Warum?

Habe euch vertraut.
Wurde von euch missbraucht.
Die Nächte so kalt – so voller Gewalt.

Ihr habt mich getötet.
Gefühle vorbei.
Mir Hoffnung und Freude genommen.

Warum? Warum? Warum?

18 Jahre!
Ein Leben mit Maske.
Mehr ist nicht geblieben.

Warum? Warum? Warum?

Was hab ich Euch getan?
Wo ist das Motiv?
Was ging bei euch schief?

Angst gebe ich Euch jetzt zurück!
Ich will endlich wieder

leben! Leben! Leben!

Im Glück!

Kapitel 6

Tödliches Klassentreffen

An diesem Tag bin ich gestorben und keiner hat's gemerkt.

Als die Einladung zum Klassentreffen kam, habe ich mich sehr gefreut. Eigentlich wäre ich sehr gern auf ein Gymnasium gegangen. Ich habe mich immer ein wenig dafür geschämt, nur eine „Hauptschule" besucht zu haben. Leider konnte sich meine Grundschullehrerin meinem Vater gegenüber nicht durchsetzten. Er meinte, ich heirate sowieso und brauche kein Gymnasium, dabei habe ich so gern gelernt. Aber gegen meinen cholerischen Vater konnte sich kaum jemand durchsetzen.
Umso stolzer war in nun auf mich. Ich arbeitete als Werbeberaterin im Außendienst, verdiente richtig gutes Geld und war dabei sogar noch relativ frei.

Ich sollte also meine alten Klassenkameraden/innen wieder sehen, mit ihnen 20 Jahre nach unserem Abschluss feiern. Ich war sehr gespannt, besonders auf meine gute Freundin Ingrid. Sie hatte zwar nie Lust zum Lernen, war aber eine tolle Freundin, ja und natürlich Kiki, eine Griechin. Wir hatten so viel gemeinsam erlebt in unserer katholischen Schule in einer Kleinstadt in Niedersachsen.

Sommer 1996. Wir wollten uns in unserem alten Klassenzimmer treffen. Ich habe lange überlegt, was ich anziehen soll. Keine Ahnung, was die anderen inzwischen so getrieben haben. Da ich schon länger nicht mehr in meiner Heimatstadt wohnte, bestand nur sehr wenig Kontakt zu ehemaligen Mitschülern. Ich befand mich - wie man so schön sagt - in der Blüte meines Lebens. Ich sah gut aus, arbeitete hart für meine gute Figur, war beruflich erfolgreich und besaß gute Freunde.

Ich fühlte mich stark und selbstbewusst, dachte, ich habe mich gefunden. Besonders stolz war ich darauf, niemals auf sexuelle Angebote von Vorgesetzten oder guten Kunden eingegangen zu sein. Ich habe einige Frauen kennengelernt, die diese Art der Karriereleiter gewählt hatten. Ich konnte mich auch so durchsetzen.

Sogar die Dämonen meiner nicht so tollen Kindheit konnte ich da hinschicken, wo sie mich nicht mehr ärgern konnten. Also alles in allem, ich befand mich auf einem sehr guten Lebensweg. Zur Krönung war mein erstes nagelneues Auto bestellt, ein kleiner roter Flitzer. Ich war sehr stolz auf mich.

Es gab für mich keinen Grund, meinen Klassenkameraden gegenüber Misstrauen zu empfinden, schließlich sind wir fünf Jahre gemeinsam zur Schule gegangen.

Ja, dann war er da, der Tag, der mich ins AUS schleuderte und doch so harmlos anfing.

Ein Sonnabend im Sommer 1996. Ich bin fröhlich und gespannt aufgewacht. Mit Nanny, meiner Mischlingshündin, habe ich einen langen Spaziergang gemacht, die Sonne schien. Sie war leider nicht mehr gesund und bereits ein altes Mädchen.
Nach einem ausgiebigen Frühstück bin ich mit meinem Hund und Vorfreude in meine Heimatstadt gefahren. Dort habe ich sie meinem Bruder in Obhut gegeben. Unser Verhältnis war zu der Zeit sehr gut, er hat sich immer prima um mein altes Mädchen gekümmert.

„Na Du, hast Dich aber schick gemacht!"
„Klar", antwortete ich, „ich zeige mich doch nicht nach 20 Jahren in abgerissenen Jeans." Ich gab ihm noch einen Kuss und fuhr ahnungslos fröhlich meinen Peinigern entgegen.

Ich hatte mich für ein cremefarbenes Kostüm aus einem Seidenstoff mit schicker Bluse und natürlich den passenden Schuhen entschieden. Ich sah elegant und gepflegt aus, was ja auch meine Absicht war. Es ging mir nicht so sehr darum meine Mitschüler zu beeindrucken, sondern vielmehr meinen alten Klassenlehrer.
Wie gesagt, es war eine katholische Schule, sehr katholisch. Wir hatten den Direktor als Klassenlehrer, mussten jeden Morgen erst

mal beten, um uns anschließend vom Direktor beschimpfen zu lassen. Er hat uns oft gesagt, wie blöd wir sind, dass aus uns sowieso nichts wird und und und...
Jetzt hatte ich die Gelegenheit, ihm das Gegenteil zu beweisen. Schließlich habe ich mit Mitte 30 garantiert mehr verdient als dieser katholische „Schuldirektor". Ja, das war ein richtig gutes Gefühl, ich habe es sehr genossen.

Pause *– Bis hierher ging es mir beim Schreiben noch ganz gut, nun werden meine Symptome stärker. Der Bauch meldet sich auf sehr unangenehme Art. Ich kämpfe nicht nur gegen starke Konzentrationsstörungen. Seit über einem Jahr verspüre ich diesen großen Drang alles aufzuschreiben. Jetzt werde ich es zu Ende bringen, auch wenn es nur mit vielen Pausen geht.*

Alte Fotos vom Klassentreffen habe ich mir besorgt. Als die Bilder nach Jahren erneut vor mir lagen, konnte ich sie kaum ansehen, obwohl es nur harmlose Fotos vom Klassentreffen waren. Die Täter waren natürlich ebenfalls auf den Bildern. Ich habe einfach immer wieder geübt, die Bilder anzusehen, bis es besser funktionierte. Nun liegen sie beim Schreiben neben mir. Ich hoffe, mich so besser zu erinnern. Vor vielen Jahren habe ich diese Fotos verbrannt, aber gelebte Vergangenheit lässt sich leider nicht einfach verbrennen. 19 Jahre ist es nun her – ich bin sehr stolz auf mich, endlich zu reden (schreiben)!

Ich parke mein Auto. Leider hat sich die Sonne wieder verkrochen, ich friere etwas. Mein Kostüm ist schick, aber nicht besonders wärmend. Die Anspannung ist sehr groß, ich gehe in das alte Gebäude. Da ist es, unser altes Klassenzimmer, verbunden mit so vielen Geschichten. In Gedanken sehe ich Ingrid, Kicki und mich, leider sind beide nicht gekommen. Eine große Enttäuschung.

Natürlich ist es trotzdem schön, die Klassenkameraden und Lehrer zu sehen. Zuerst beäugten wir uns gegenseitig etwas unsicher. Die Stimmung war nach kurzer Zeit bereits wieder locker. Lauter fröhliche Gesichter, jede Menge Ohs und Ahs drangen an mein Ohr. Ich grinste still. Wer hätte das gedacht, Herr Direktor! Aus den meisten „dummen katholischen Hauptschülern“ ist tatsächlich etwas geworden.

Dann tauchten auch meine Peiniger auf. Beide sind ja so nett und haben sich in Schale geschmissen. Ich glaubte aber an mehr Schein als Sein - sie gehörten eigentlich immer mehr zur Fraktion der Dumpfbacken.
Ich habe mich gefreut, dass doch relativ viele ehemalige Mitschüler/innen kamen. Im Klassenzimmer gab es dann ein Schlückchen Sekt. Es war schon ein eigenartiges Gefühl, dort zu stehen.

Leider konnte ich nach dem Schulabschluss nicht mit meinen Mitschülern feiern. Man hatte mich bereits zwei Wochen vor Beendigung der Schule in die Lehre geschickt. Das war so abgesprochen zwischen meinem Vater, den Lehrern und meinem ersten Chef. Ich durfte damals kurz in die Aula und mir mein Abschlusszeugnis holen. Ich musste dann sofort wieder zurück in den Betrieb. Daher genoss ich das fröhliche Treiben umso mehr.

Wir redeten, lachten, Neugierde stand in den Gesichtern. Wer macht was? Beruf, Familie, Kinder? Ach, es gab so viel zu erzählen. 20 Jahre - eine ganz schön lange Zeit!

Ein gutes Gefühl machte sich breit. Es tat sehr gut, als erwachsene Frau in einer guten Lebensposition in den alten Räumlichkeiten zu stehen. Es war so egal, was die Lehrer sagten oder taten. Ein gutes Gefühl, auch die teilweise sehr erstaunten Blicke der Lehrer zu spüren, machte sich breit. Ich habe häufig grinsen müssen. Ja, mein Leben war schön, und als fröhlicher Mensch konnte ich mir eben das Grinsen nicht verkneifen.

Wir sind natürlich auf dem Schulhof gewesen; ganz besonders wichtig - die alte Raucherecke! Wie damals haben wir uns in die Kellerecke gedrückt und jede Menge Spaß gehabt. Ein Wort gab das andere, so viele Geschichten. So viele Erinnerungen, gute und schlechte, aber immer wieder fehlten meine besten Freundinnen. Oft frage ich mich, ob alles anders gekommen wäre, wenn sie am Klassentreffen teilgenommen hätten.

Irgendwann waren alle Plätze in der alten Schule aufgesucht und wir beschlossen, noch einen Rundgang im Freien zu machen. Viele von uns sind oft zu Fuß zur Schule gekommen, so trafen wir uns häufig vor oder nach den Schulstunden auf bestimmten Wegen und im Park.

An einem unserer alten Lieblingsplätze ließen die nun erwachsenen Männer Sektkorken knallen.
Zwischendurch fing es leicht an zu nieseln, mein Frösteln nahm zu. Vielleicht war mein Frösteln aber auch schon ein Alarmzeichen. Mir wurde ziemlich häufig von den „netten Herren" Sekt angeboten. Ich wusste genau, was ich trinken durfte, ich wollte ja noch mit meinem Auto nach Hause fahren. So schüttete ich einfach immer wieder Sekt ins Gebüsch.

Auch durch die City stromerten wir gemeinsam. Das hätte ich so gerne bereits 20 Jahre vorher gemacht, um den Abschluss zu feiern. Ein wenig Wehmut kam auf. Ich empfand die feuchte Kälte als sehr unangenehm, der Drang nach Hause zu fahren war da. Eigentlich wollten wir zwar noch mit den Lehrern im Lokal gemeinsam zu Abend essen, aber mir war so kalt. Ich fühlte mich unwohl. Leider wurde ich dann überredet, mir nur eine Jacke aus meinem Auto zu holen, und so bin ich in die Falle gelaufen.
Das Essen am Abend war dann doch sehr lustig. Wir haben häufig die Sitzplätze gewechselt, so konnten wir uns prima unterhalten. Mein Gott, wie schnell die Zeit verging, schon brachen die ersten Mitschüler auf.

Einige Mitschüler und ich waren noch so intensiv in Gespräche vertieft, wir gingen einfach einige Häuser weiter in eine Kneipe und redeten, lachten, redeten, lachten und ...?

Hier begann nun mein nicht enden wollender Albtraum ...

Pause: *Leider muss ich an dieser Stelle den Schreibfluss, der sich allmählich eingestellt hat, erst mal beenden. Ich muss neue Kraftreserven mobilisieren, um weiter zu schreiben.*
Aber ich ende hier trotzdem mit dem Gefühl des Stolzes – ich werde dieses Buch schreiben!

Die Tat

2 Tage Pause – *Nun sitze ich hier und will die nächsten leeren Seiten mit dem schlimmsten Erlebnis meines Lebens füllen. Wahnsinniges Grummeln im Bauch, Übelkeit, Schwindel, eigentlich möchte ich weglaufen. Aber mein Wille nach quälenden Monaten wird stärker sein, ich schreibe weiter!*

Ich erinnere mich an die Kneipe. Wir saßen mit einer kleinen Gruppe Klassenkameraden/innen in ausgelassener Stimmung am Tisch. Ich erzählte, dass ich mich mitten im Umzug befand. Es wurde in meiner neuen Wohnung noch einiges umgebaut. Die Täter boten sich ganz selbstlos an, mir meine neue Küche aufzubauen.

Dann beschlossen noch einige von uns, in meinem Wohnort, der nächst größeren Stadt, in eine Diskothek zu fahren; ich tanzte extrem gerne. Ein Taxi wurde bestellt.
Ich unterhielt mich sehr gut mit einem meiner Mitschüler, fand, er war ein wirklich netter Kerl geworden. Er fragte mich, ob ich früher was mit einem der „Täter" hatte. Ich lachte und verneinte wahrheitsgemäß, fragte ihn, wie er auf so eine absurde Idee käme. An die Antwort kann ich mich nicht mehr erinnern.

Genau in diesem Moment muss mich meine Selbstkontrolle verlassen haben. Mir wurde schwummerig, irgendwie übel, ich konnte nicht mehr richtig sehen und denken. Ich fragte mich, was mit mir los ist. Ich hatte zwar Alkohol getrunken, aber lange nicht so viel, um betrunken zu sein. Ich fühlte mich nicht betrunken, wovon auch? Auch am Abend hatte ich den Alkohol, der ständig vor meiner Nase stand, kaum getrunken. Dieses Gefühl war völlig anders; sehr unheimlich, als würde ich mich verlieren. Mein Kopf, meine Gedanken - alles wie abgeschnitten. Mein eigener Wille flog weg. Angst, Peinlichkeit. Als wenn ich mich nicht mehr in meinem Körper befand. Kurz vorher habe ich offensichtlich die erste Portion **K.O.-Tropfen** bekommen. Ich war total ahnungslos, nie wäre ich auf so einen Hinterhalt gekommen. Panik stieg in mir auf. Ich schrie lautlos nach meinen alten Freundinnen, die nicht gekommen waren. Ihnen wäre aufgefallen, dass hier etwas nicht stimmt, sie hätten mich gerettet. Ganz dunkel und verschwommen sah ich schon Fragezeichen in einigen Gesichtern. Wahrscheinlich hat sich keiner getraut einzugreifen, leider. Wir kannten uns ja eigentlich nicht mehr. Sie hätten mich retten können!

Ich war mir selber peinlich und begriff nicht, was mit mir geschah. Ich war nicht ich. Dann war plötzlich alles wie abgeschnitten. Wie ich das Lokal verlassen habe - keine Erinnerung!
Jetzt sitze ich in einem Taxi, beide Täter sind mit im Taxi. Auf der Straße vor der Kneipe steht noch der nette Mitschüler. Ich glaube, er wollte auch mit in das Taxi.
Einer der Täter lacht den stehen gelassenen ehemaligen Mitschüler aus, denn er hatte dem Taxifahrer gesagt, er solle losfahren, die anderen fahren mit dem nächsten Taxi. Ich erinnere mich an den ungläubigen Blick des anderen Mitschülers auf der Straße. Ich kann nicht reagieren, ich fühle mich so verloren, höre das hämische Lachen der Täter.
Mir ist extrem übel, ich sehe und höre wie durch eine Glocke. Noch nie in meinem Leben habe ich mich so elend, so ausgeliefert gefühlt, mir ist das alles so peinlich. Furchtbare Angst ... Blackout

Ich komme für einen kurzen Moment ganz schwach zu mir, sitze im Taxi, die Täter sind bei mir. Das Taxi steht bei mir vor der Haustür. Wir wollten doch in die Disco, was machen wir hier??? Extreme Wahrnehmungsstörungen. Erinnerung an den Taxifahrer, er sagt irgendwas. Ich kann ihn nicht verstehen. Warum kann ich ihn nicht verstehen? Ich glaube, mich an einen beunruhigenden Blick des Fahrers im Spiegel zu erinnern. Ich bin so peinlich ... Blackout.
Hätte der Fahrer doch die Polizei gerufen - auch er hätte mich retten können!
Ich komme erneut kurz sehr schwach zu mir. Ich befinde mich in meiner Wohnung. Was mache ich hier? Wie komme ich hierher? Warum sind meine Mitschüler in meiner Wohnung? Ich fühle mich hundeelend, kann keinen klaren Gedanken fassen. Einer

sitzt neben mir auf meinem Sofa, in meinem Wohnzimmer. Sie erklären sich. Sie hätten mich nach Hause gebracht, weil es mir so schlecht ging. Sie wollten mir einen Tee kochen. Einer der beiden kommt tatsächlich mit einer Tasse Tee für mich. Mir ist es peinlich, dass ich sie angeblafft habe, obwohl sie mir nur helfen wollten. Alle Alarmglocken in mir schrillen so laut wie noch nie. Ich will, dass sie gehen. Woher wissen sie, wo ich wohne? Wie kommen sie an meinen Wohnungsschlüssel? Ich bin so schwach, ich kann nicht aufstehen. Ich kann nicht denken, wo ist mein Verstand hingeflogen? Ich trinke den Tee, der mir gebracht wird, mit meiner zweiten Dosis **K.O.-Tropfen.** Einer der Täter redet auf mich ein. Der andere Täter sei schon immer in mich verliebt gewesen, ob mir das denn nie aufgefallen sei. Warum ich nicht zu ihrer 30. Geburtstagsparty gekommen sei. Ich begreife nicht, was er mir sagen will. Der Nebel wird immer schlimmer … Blackout

***Pause**: Mein eigener Text nimmt mich sehr mit. Ich werde mich jetzt einfach mit Kuchen vollstopfen und mir Zuspruch holen. Papier ist geduldig, aber ich nicht, war ich noch nie. Ich will endlich dieses Buch zu Ende bringen, damit ich mein Leben wieder aufnehmen kann!*

***Blaubeeren**, Quark und Kaffee haben meine Seele gestreichelt. Außerdem habe ich mir freundschaftlichen Zuspruch von meiner besten Freundin Stefanie geholt. Auch sie hat die Schattenseiten des Lebens auf sehr gemeine Weise kennengelernt. Sie hat sich erfolgreich gewehrt. Zurzeit ist sie in Australien auf Selbstfindung und trotzdem sind wir uns sehr nah.*
Danke Stefanie, Du machst mir wieder Mut!

Das war nun also endgültig mein Todestrank, eine Tasse Tee in meiner eigenen Wohnung …
Die K.O.-Tropfen in der Kneipe waren wohl nicht genug. Daher haben mir die Verbrecher dann in meiner Wohnung nochmal ihren Spezialtee gekocht, der mir (Original-Ton) „gut tun wird"!

Nun hatten sie es geschafft: Ich war viele Stunden nicht mehr auf dieser Welt. Ich bin gestorben …

Ich schrecke auf, komme völlig verwirrt zu mir. Extreme Kopfschmerzen, Übelkeit. Wo ist mein Verstand? Hilfe - ich kann nicht denken, unfassbare Angst, kann nicht richtig sehen und hören. Alles wie durch Watte. Begreife die Situation nicht. Versuche vergeblich, klar zu werden.

Ich sitze vollständig angezogen in meinem Wohnzimmer, auf meinem Sofa, neben mir einer der teuflischen Kriminellen. Mein Kopf war auf seine Schulter gestützt. Ich entschuldigte mich, weil ich wohl eingeschlafen bin, oh wie peinlich! Ekelgefühl und schlechtes Gewissen, so intensiv. Er lacht, sagt großmütig: „Kein Problem." Ich kann kaum aufstehen, mein Körper gehorcht mir nicht. Ich will unbedingt in den Flur. Die Wohnungstür wird geschlossen, ich höre sie klappen und den Schlüssel, der innen im Schloss steckt, lärmen.
Einer der Gewissenlosen steht in meiner Küche an der Spüle, er wäscht meine Teetasse ab.
Das kommt mir extrem seltsam vor, er sieht so komisch aus. Ich versuche zu fragen, wer zur Tür raus ist, erhalte aber keine Antwort! Ich kann nicht denken. Was stimmt hier nicht? Kann mich kaum auf den Beinen halten - wie Gummi so schlaff. Möchte weinen - weiß nicht warum. Ich bin sehr peinlich, sie sollen gehen. Sie gehen und lachen! Endlich sind sie weg! Es ist bereits der nächste Morgen - es ist hell - wie kann das sein? Wo ist die Zeit geblieben, was ist passiert? Alles in mir überschlägt sich. Ich kann nicht denken. Es fühlt sich sehr grausam an!

In bin verwirrt, mir ist so übel. Ich schlepp mich zur Toilette, knie davor. Meine Gummibeine tragen mich nicht mehr. Ich erbreche und erbreche, rasende Kopfschmerzen - was ist nur los mit mir? Vielleicht habe ich etwas Schlechtes gegessen und mich vergiftet? Das schlechte Gewissen meldet sich mit brachialer Gewalt, als wenn ich Schläge auf den Magen bekomme. Erneutes Erbrechen - es kommt gar nichts mehr, aber diese Übelkeit, ich versuche sie loszuwerden. Jetzt stecke ich mir den Finger in den Hals, um wieder erbrechen zu können. Es funktioniert nicht. Ich kann nicht denken, wo ist mein Verstand? Ich bekomme riesige Angst verrückt zu werden (meine Schwester ist schizophren). Hat es mich jetzt auch getroffen? Ich breche total zusammen, kauer in meinem kleinen Badezimmer vor der Toilette, kann mich nicht bewegen, weine lautlos - meine Seele schreit - sie fühlt sich zerschmettert an - aber warum? Wo ist mein Verstand hingeflogen? ... Blackout

Ich komme immer wieder für kurze Momente zu mir, wie oft, weiß ich nicht. Ich bin immer wieder abgedriftet, war vollkommen außer Gefecht gesetzt. Ich glaube, ich habe mich wohl doch vergiftet. Ich bekomme wieder wahnsinnige Angst, will einen Krankenwagen rufen, schaffe es aber nicht zum Telefon. Kann mich nicht bewegen. Glaube, ich sterbe jetzt ... Blackout

Ich komme, noch immer benommen, erneut zu mir. Ziehe meinen „Gummikörper" am Waschbecken hoch. Setzte mich auf die Toilette, vor mir der Spiegel. Versuche langsam etwas zu erkennen. Blankes Entsetzen packt mich! Mir guckt eine Fremde aus dem Spiegel entgegen! Ich will schreien, geht aber nicht! Das sind nicht meine Augen - Panik. Wer ist das? Die Augen sind tot! Was ist passiert? Fühlt es sich so an, verrückt zu werden? Angst vor mir selber kriecht hoch! Nein, doch keinen Arzt, der steckt mich in die Klapse! Wo ist mein Verstand hingeflogen? Verwirrung, Entsetzen!
Im Spiegel erkenne ich, meine Bluse ist nicht korrekt zugeknöpft. Wie peinlich, wenn das den ganzen Tag so war, wie peinlich. Was ist hier nicht richtig? Ich kann noch immer nicht richtig denken. Ich muss was trinken, brauche Wasser. Noch immer wollen meine Gummibeine mich nicht in die Küche tragen, setze mich wieder auf das Klo und trinke Leitungswasser aus dem Waschbecken. Jede Bewegung bereitet mir extremen körperlichen Schmerz. Hatte ich einen Unfall? Muss Wasser lassen. Sitze auf der Toilette. Aufstehen, Deckel hochheben - eine fast unlösbare Aufgabe. Endlich geschafft, ziehe mühselig meine Strumpfhose runter. Was ist das? Lauter Laufmaschen, ja schlimmer noch: sogar Löcher! Wie kann ich die übersehen haben? Ich ziehe mein Höschen runter. Die extreme Wucht einer unfassbaren kriminellen Wahrscheinlichkeit nimmt mir die Luft zum Atmen. Mein Höschen ist nass, es stinkt. Ekel, Ekel, Ekel! Alles schreit so schrill in mir. Schmerzen im Genitalbereich, blaue Flecken an den Ober-

schenkeln! Hilfe, ich bekomme keine Luft mehr, ich glaube, ich sterbe jetzt, ich ersticke! Ich brauche Hilfe! Werde auf der Toilette ohnmächtig ... schwarzes Loch.

Ich erwache irgendwann. Mir dämmert: Ich wurde vergewaltigt. Ich kann den Gedanken nicht aushalten! Ich frage mich, wer hat was mit mir gemacht? Die Gedanken, so unwirklich. Es kann nicht sein, ich kann mich doch an gar nichts erinnern! Irgendwas müsste ich doch gespürt haben! Wer war noch in meiner Wohnung? Das Tür- und Schlüsselklappern – ich kann nicht denken – jetzt will ich auch gar nicht mehr denken! Ekel, Schuldgefühl!

Ich reiße mir meine Klamotten vom Leib, die Sachen müssen weg! Alles stinkt ganz widerlich. Waschen, ich muss mich waschen! Lasse Badewasser ein, ganz heiß. Stehen ist noch immer ein Problem. Das Wasser ist so heiß, kann kaum rein. Als ich in der Badewanne bin, lass ich noch mehr heißes Wasser einlaufen. Meine Haut ist am ganzen Körper rot, es fängt an zu brennen. Gut so, das hilft mir. Ich habe solche Schmerzen, die Rippen tun auch höllisch weh, die Arme und Beine, mein Genitalbereich, alles ist so schmerzhaft. Ich will das nicht spüren, das Wasser muss noch heißer werden! Ich bin so verwirrt, meine Seele schreit so laut – ich halte das nicht aus! Vielleicht ist alles nur ein böser Traum? Ja, endlich ein vernünftiger Gedanke ... Blackout.

Erwache erneut. Das Wasser ist kalt, mein Körper nicht. Denken funktioniert noch immer nicht vernünftig. Ich kann jetzt immerhin aufstehen, zwar sehr schwammig noch, aber es geht. Meine Haut ist vom heißen Badewasser verbrannt, trotzdem muss ich mich dringend abschruppen! Viel, viel Seife. Hölle, die Schmerzen lenken mich etwas ab. Durch die Rötung fallen die blauen Flecken etwas weniger auf, nun trifft mich der Verdacht wieder mit voller Gewalt, es haut mich fast wieder um. Ich will das nicht! Ekel!

Ich weiß nicht mehr, wie lange das noch so ging, erinner mich nicht, wie ich aus dem Bad gekommen bin.

Ich erinnere mich nur dunkel, meinen Bruder angerufen zu haben. Ich konnte noch nicht wieder vernünftig sprechen. Ich musste Nanny und das Auto holen. Wie soll ich das schaffen? Ich wollte mit ihm reden, er war damals meine absolute Vertrauensperson, ich habe ihn sehr geliebt. Nur ganz entfernt kann ich mich an dieses Gespräch erinnern. Er fragte mich, wo ich bleibe. Ich würde ja fürchterlich klingen, habe wohl zu viel gesoffen! Er war sauer, dass ich meinen Hund noch nicht abgeholt hatte. Er musste sogar noch etwas Geduld haben, ich war noch nicht in der Lage aus dem Haus zu gehen. Schlechtes Gewissen, Schuldgefühle! Ich konnte nichts sagen, war noch mehr verunsichert. Wenn mein Bruder schon so redet, wie dann erst die anderen? Mein Verstand funktionierte noch immer nicht richtig. Was sollte ich ihm erzählen? Ich wusste ja selber nicht, was passiert ist. Seine Vorwürfe drangen tief in mich ein!

Mit extrem schlechtem Gewissen ging ich ins Bett. Ich musste mich wenigstens etwas erholen. Das war wohl der Moment, in dem ich beschloss, nichts zu sagen. Ich war so eingeschüchtert!
Wo war die taffe Geschäftsfrau geblieben? Die Augen aus meinem Spiegelbild sahen mich so vorwurfsvoll an, dieses furchtbar quälende schlechte Gewissen, ohne sich einer Tat bewusst zu sein. Das ist doch nicht normal! Trotzdem bin ich eingeschlafen.

Pause: *Wow – ich hab's getan, ich habe die Tat geschildert! Ich hatte große Angst davor, was das wieder mit mir machen wird. Ja, mir geht es jetzt nicht besonders gut, vieles kommt wieder hoch. Aber ich bin auch ziemlich stolz auf mich, diesen Kraftakt zu stemmen! Ich tue das Richtige und befreie mich hiermit langfristig …*

Bedrückendes Erwachen

Ich erwachte durch das Klingeln des Telefons. Raffe mich auf. Schmerzen drangen sofort wieder in mein Bewusstsein. Ich fühlte mich extrem bedrückt, ging aber zum Telefon. Mein Bruder fragte mich sauer, wann ich endlich komme! Es war Sonntag, er musste Montag früh aufstehen. Ich versprach ihm, mir gleich ein Taxi zu rufen.

Vom heißen Baden war meine Haut noch extrem empfindlich, ich zog mich trotzdem an. Der ständige Reibungsschmerz auf der Haut half mir, auf eigenartige Weise mit der Situation umzugehen. Ich fand das Seidenkostüm, die Bluse und die Unterwäsche im Flur. Noch immer war ich verwirrt. Ich musste jetzt unbedingt funktionieren! Ich holte einen großen Müllsack. Nur mit Handschuhen fasste ich meine eigenen Sachen an, musste mit schweren Ekelgefühlen kämpfen, schmiss mein teures Seidenkostüm, die Bluse, bei der Unterwäsche musste ich die Augen schließen, und sogar die Schuhe in den Sack und band ihn fest zu!

Ich bestellte mir ein Taxi. Auf dem Weg nach unten traf ich im Treppenhaus meine Nachbarn. Sie sahen mich bei der Begrüßung strafend an. Ich hatte ihnen gegenüber ein schlechtes Gewissen. Was hatten meine Nachbarn damit zu tun? In das Taxi zu steigen war mir fast nicht möglich. Ich ließ mich zu einem Müllcontainer, weit weg von meiner Wohnung, fahren. Da landeten dann alle Beweise! Dann fuhr mich das Taxi in meine Heimatstadt und zu meinem Auto, der Druck in mir wurde unerträglich!

Keine Ahnung, wie ich das Auto bedienen konnte, ich habe einfach versucht, nicht zu denken.
Ich fing aber andauernd an zu weinen und hatte Angst, meinem Bruder unter die Augen zu treten. Auch ihm gegenüber hatte ich ein extrem schlechtes Gewissen. Ich überlegte jetzt, ihm doch von der Nacht zu erzählen. Als ich bei ihm war, sah er mich an. „Du siehst so Scheiße aus. Man, was hast Du nur gesoffen?" Ich wusste, er meinte das nicht böse. Er war ziemlich sauer und konnte nicht wissen, was er damit bei mir anrichtet. Aber ich war furcht-

bar empfindlich, unsicher. – Nun war der Moment wieder vorbei. Ich traute mich nicht mehr! Ich schämte mich einfach zu sehr, sogar meinem Bruder gegenüber.

Ich schnappte mir den Hund, ging schnell, bevor er meine Tränen entdecken konnte. Meine Hündin spürte gleich, dass etwas nicht stimmte und schlabberte mich ordentlich ab. An den Heimweg kann ich mich nicht erinnern, aber daran, dass ich nicht mehr in meine Wohnung wollte, schon. Ich fühlte mich noch so schwach. Ich hatte keine andere Wahl, da ich mich so nirgendwo blicken lassen wollte. Ich musste mich unbedingt ausruhen. Wie sollte ich nur weitermachen? Nanny gab mir etwas Halt. Mit ihr konnte ich reden, bei ihr konnte ich weinen, sie war einfach nur da. Mit einem grausamen Gefühl in mir gingen wir in meine Wohnung – die ab sofort ein heimlicher Tatort war! Übelkeit, dieser extreme Kopfschmerz, Verwirrung, immer wieder auch starke Taubheitsgefühle, der körperliche Schmerz; gleich traf mich wieder alles mit einer ungeheuren Wucht …

Der Gedanke, vielleicht doch schizophren zu sein wie meine Schwester, fühlte sich fast besser an als die Wahrheit! In betäubtem Zustand von mehreren ehemaligen Mitschülern, denen ich vertraut habe, vergewaltigt worden zu sein, die sich dann auch noch so fürsorglich tarnen und sich nach der Tat in Ruhe verabschieden, das fühlte sich so unfassbar grausam an. Dass ausgerechnet mir so etwas passiert! Ich hatte nicht auf mich aufgepasst! Wird mein Verstand irgendwann wieder normal?

Das war so unfair. Ich hatte Schuld! Das allerschlimmste war, ich wusste ja nicht genau, was sie mit mir gemacht hatten. Nur die allerschlimmsten Szenen spielten sich in meinem Kopf ab! Da war doch noch jemand in meiner Wohnung, oder waren es sogar noch mehr? Ein Gefühl, als wäre ich gefilmt worden, breitete sich jetzt aus. Das war so grausam, ich konnte das nicht aushalten. Ich wollte nie wieder etwas davon hören. Es sollte für immer als tiefes Geheimnis in mir und eines Tages in meinem Grab verschwinden. Ich konnte nicht auf mich aufpassen! Wie dumm ich doch war! Niemand sollte etwas merken!

Ich musste dringend schlafen, hatte aber Angst und ekelte mich vor meinem eigenen Körper. Ich lebte ab sofort in Dauerangst. Ich schloss nicht nur meine Wohnungstür ab, sondern baute verschiedene Barrikaden vor der Tür im Flur. Nanny war ja nun auch wieder bei mir, sie schlug sowieso an, wenn jemand der Wohnung nahe kam. Das hatte sie erst kurze Zeit vorher bewiesen, als bei den Nachbarn eingebrochen wurde. Sie verbellte die Einbrecher. Abends klingelte es noch an der Wohnungstür - ich konnte mich nicht rühren. Regungslos, wie erstarrt blieb ich dort, wo ich war. Mein Gott, wie soll das weitergehen?! Also wurde ich doch verrückt ... Ich holte mir Nanny ins Bett. Sie versuchte mich zu beruhigen, ich versuchte zu schlafen.

Mein dauerhafter Albtraum

Irgendwann bin ich dann doch mit dem Hund an meiner Seite eingeschlafen. Fortan wurde mein Leben von folgendem Traum begleitet:

Ich liege in meinem Wohnzimmer mitten im Raum auf einer Liege, wie es sie bei Ärzten gibt.
Ich bin nackt, mein gesamter Körper ist mit Stachelketten eingeschnürt. Solche Ketten haben früher grausame Menschen häufig für Hunde benutzt. Jede noch so kleine Bewegung meines Körpers führt dazu, dass sich die spitzen, scharfen Stacheln immer tiefer in die Haut bohren, was zu gemeinen Schmerzen führt. Komischerweise hat der Kopf kein Stachelband, aber der Hals!

Die Vergewaltiger stehen neben mir, einer sieht mich an und lacht und lacht und lacht. Der andere steht etwas abseits und grinst gemein. Ich fühle mich sehr hilflos, bin ausgeliefert!
Schmerzvoll ist immer wieder das Gefühl, die Kontrolle über mich verloren zu haben! Sie können mit mir machen, was sie wollen! Ich kann nicht mal nach ihnen schlagen, bin so wehrlos. Ich habe die Kontrolle über meinen Körper verloren!

Einer steht mit einer Kamera im Raum und filmt meine Wehrlosigkeit. Alle drei lachen auf ganz hämische und grausame Weise. Mir ist so übel.

Dieser Traum hat mich 19 Jahre lang gequält, immer wieder habe ich versucht, ihn zu ignorieren.

Pause: *Noch immer verursacht der Gedanke an diesen Traum Panik in mir. Mir ist beim Schreiben so kalt, ich muss mich jetzt erst mal wieder etwas beruhigen. Warum bin ich so grausamen Menschen begegnet?*

Kapitel 7

Mein Tod

War *eine Runde schwimmen, kaltes Wasser, untertauchen, sich verausgaben, macht den Kopf etwas klarer. Jetzt kann es weitergehen.*

Ich habe drei volle Tage gebraucht, um meinen Kopf wieder einigermaßen klar zu bekommen. Leider haben mich die vielen blauen Flecken und die lang anhaltenden Schmerzen in vielen Bereichen ständig an die Verbrecher erinnert. Es sollte trotzdem nicht passiert sein, ich habe mich praktisch heimlich zurückgezogen! Gar nicht so einfach. Ich habe einen Weg gefunden, wie mein Körper trotz seelischer Grausamkeit funktioniert. Gegen die Schmerzen gab es Tabletten, die ich aber nur sehr wohldosiert nahm, ich wollte nie wieder die Kontrolle über mich verlieren! Es war in dieser Situation natürlich sehr positiv, dass ich mich im Umzug befand. So konnte ich der Täterwohnung kurze Zeit später den Rücken kehren. Ich wollte einfach nur vergessen, ich fing an, Theater zu spielen. Meine rufende Seele wollte ich nicht hören und sperrte sie ein. Ich wollte funktionieren! Daran arbeitete ich. Niemand durfte etwas merken, das hatte oberste Priorität für mich!

Einige Tage später waren die Fotos vom Klassentreffen entwickelt. Als ich die Bilder sah, wurde mir übel. Ein Bild zeigte mich in der Kneipe, es muss bereits nach den **K.O.-Tropfen** aufgenommen worden sein.
Die Augen, da waren sie wieder. Die Augen, die mir nicht gehörten! Wieder spürte ich den Schlag in den Magen mit eisiger Faust. Leider wollte mein Bruder die Bilder sehen. Als er das Kneipenbild sah, sagte er wieder: „Meine Güte, musst Du gesoffen haben." Zack, da waren sie wieder, die Schuldgefühle, die Scham, die Hilflosigkeit so extrem stark, kaum auszuhalten. Dann kam auch noch mein Vater, sah sich ebenfalls die Bilder an. Als er das Foto sah, hatte auch er diesen vorwurfsvollen Blick, ohne etwas zu sagen. Ich musste dringend hier weg, die Fotos sollten verschwinden. Sie brannten mir regelrecht in den Händen. Ich bin

doch verrückt! Ich war noch immer so durcheinander. Mein Gott, wann hört das auf? Reiß dich zusammen!, schrie ich mich innerlich immer wieder an! Funktioniere!!!

Kurze Zeit später musste ich meine Hündin einschläfern lassen. Sie war schon als Welpe herzkrank. Der Tierarzt sagte immer, es wäre erstaunlich, wie alt der Hund damit geworden war. Ihre Schmerzen wurden offensichtlich immer schlimmer, sie bekam starke Schmerzmittel, die allerdings die Leber stark schädigten. Ich hatte ihr versprochen, sie nicht unnötig leiden zu lassen. Der Tierarzt sagte, ich müsse entscheiden, wann es soweit ist. Eines Morgens wache ich noch in der alten Wohnung auf, Nanny steht nicht mehr auf. Sie will nichts fressen, sieht mich so müde an. Eigentlich wollte ich, dass sich mein Bruder von ihr verabschieden kann, aber dazu ist nun keine Zeit mehr. Anfassen darf ich sie nicht, das schmerzt sie zu sehr. Ich sah sie an, sage ihr, ich löse mein Versprechen ein. Der Tierarzt war nicht weit. Sie raffte sich langsam auf, wir gingen natürlich ohne Leine unseren letzten gemeinsamen Weg. Ich wollte nicht heulen; wir brauchten sehr lange. Sie schlich nur noch, jede Verzögerung war gut. Ich fühlte mich wie eine Mörderin, tausendmal überlegte ich, doch noch zu warten. Sie wollte nicht mehr, das konnte ich deutlich spüren. Beim Tierarzt wollte ich doch wieder weglaufen. Er hat mich angesehen und bestätigte mir: „Sie hat so große Schmerzen, der Hund kann nicht mehr.“ Dann bekam sie eine Betäubungsspritze. Ich durfte sie in den Armen halten. Ich werde Dich so vermissen. Danke für die Zeit mit Dir!

Die Todesspritze bekam sie, als sie eingeschlafen war. Sie war sofort tot. Irgendwie konnte man die Hundeseele entschwinden sehen. Ich hatte das Gefühl, mit ihr gestorben zu sein. Ich bin mal wieder zusammengebrochen. Der Tierarzt versuchte mich zu beruhigen, ich lief weinend weg.
Alles brach über mir zusammen, ab jetzt war ich ganz allein …

Nach der Vergewaltigung hatte ich panische Angst, als schizophren eingestuft zu werden, von meiner Familie und den Freunden so ausgegrenzt zu werden wie meine Schwester. Sehr gerne wur-

de über sie gelacht, das tat mir körperlich weh. Allen war sie nur peinlich! Ich kümmerte mich viel um sie, dazu war ich nun aber nicht mehr so oft in der Lage. Ich brauchte von allen immer mehr Abstand. Da Nanny gestorben war, hatte ich wenigstens eine Erklärung, warum es mir so schlecht ging. Dafür war Verständnis da. Mein Job fiel mir zusehend schwerer, ich konnte im Außendienst kaum noch unbefangen mit den Kunden oder meinen Chefs umgehen, war immer auf der Hut vor Hinterhältigkeiten. Ich war tatsächlich gestorben und keiner hat was bemerkt.
Ich wurde eine hervorragende Schauspielerin!
Meine Gefühlswelt sendete nur noch negativ, ich wurde beherrscht von Angst, Schuld- und Schamgefühlen. Ich hatte den Verdacht, das Gift, das mir die Verbrecher verabreicht hatten, hätte mein Gehirn geschädigt. Ich konnte mich nur schwer konzentrieren. Lernen fiel mir sehr schwer, ich wurde vergesslich. Ich setzte mir täglich mit dem Schminken eine Maske auf und spielte eine Rolle! Ich wollte den Zombie in mir niemandem zeigen. Ich war Perfektionistin, nun wurde der Schein gewahrt. Nichts war mehr echt an mir, kein Lachen. Sex mit meinem Freund gespielt.
Spaß mit meinen Freunden nur gespielt. Schließlich war ich als nette, erfolgreiche, stets gut gelaunte und hilfsbereite Kameradin bekannt. Mein Bruder war mit seiner eigenen Lebenslage so beschäftigt, es fiel nicht mal ihm auf, wie schlecht es mir ging. Er war sauer, weil er sich von Nanny nicht verabschieden konnte. Meine Fassade durfte keinen Riss bekommen!

Ich habe nicht geredet, jedem misstraut, mich selbst an mein merkwürdiges Verhalten gewöhnt, habe mich oft vor Türglocke und Telefon versteckt. Zuhause habe ich immer zuerst den Anrufbeantworter laufen lassen. Es war eine sehr turbulente Zeit, meine Freunde waren so mit eigenen Problemen beschäftigt, ebenso meine Familie. Selbst mein damaliger Freund hat nichts bemerkt. Ich hörte zwar immer wieder die Frage: Wie bist du denn drauf? Nur ganz ernsthaft ist keiner auf die Idee gekommen, mir helfen zu wollen. Ich war immer die Helferin in allen Bereichen. Ich war halt komisch geworden!

Ich gewöhnte mich an meine Rolle. Ich habe nie wieder einem Menschen wirklich vertraut, nicht mal meinem geliebten Bruder, aber vermisst habe ich ihn sehr!

Ich versuchte vergeblich, mit allen möglichen Mitteln mein Leben wieder in den Griff zu bekommen.
Aber ich war ***komisch*** *geworden! Ich war schon vor der Tat esoterisch neugierig. Mein Umfeld schob meine negative Veränderung auf die Esoterikschiene. Damit hatten sie eine gute Erklärung für sich selbst und brauchten sich nicht kümmern.*

Ich lernte dann einen Reikimeister über meine Reikilehrerin kennen und dachte, mit ihm kann ich Frieden finden. Leider zeigte sich erst nach unserer Hochzeit (kurze Zeit, nachdem wir uns kennengelernt hatten) der schwere Alkoholiker in ihm. Damit hatte ich eine neue Lebensaufgabe gefunden. Ich glaubte, es war mein Schicksal, ihn von seiner Sucht zu befreien. Ja, so gemein kann das Leben sein! Ich litt lieber unter einem Alkoholiker als mich mit dem Verbrechen, das mir angetan worden war, auseinander zu setzen. Ich war schließlich die Helfende.

Ich trennte mich von meiner Vergangenheit komplett, habe alles verkauft, was ich besaß, Job gekündigt, alle Kontakte abgebrochen und bin mit meinem suchtkranken Mann nach kurzer Zeit weggezogen, um eine Karriere als Ehefrau eines Alkoholikers zu leben. Das ist aber eine andere Geschichte.

Allerdings habe ich immer und in jeder Situation den allergrößten Wert auf meine Selbstständigkeit gelegt. Ich habe immer und überall gute Jobs gefunden. Den Schein eines gut funktionierenden Lebens konnte ich immer nach außen aufrecht halten. Hier konnte ich mir dann selbst vormachen, ein „normales Leben zu leben"!

Privat lief es bei so vielen anderen Menschen nicht, warum sollte es bei mir also besser sein? Ich habe meine Gefühle sowieso nicht mehr wahrgenommen. Also war viel arbeiten völlig in Ordnung. Dass ich nur noch eine menschliche Hülle war, fiel mir nicht auf.

Ich war ein Zombie, das wurde irgendwann einfach völlig normal für mich. Da es beruflich immer wieder gut lief, konnte ich sehr lange so weitermachen. Wenn sich meine Seele melden wollte, arbeitete ich einfach noch intensiver und suchte mir immer wieder Menschen, die Hilfe benötigten. Dann fühlte ich mich besser. Solange ich meiner eigenen Seele nicht zuhören musste, war für mich alles in Ordnung!

Ich war eben gestorben und keiner hat es bemerkt, nicht mal ich selbst!

Kapitel 8

Die Täter

Die hohe kriminelle Energie der Täter zeigte sich auch nach der Tat noch mehrfach.
Wie bereits erwähnt, zuhause war ich ziemlich sicher vor Anrufen. Aber die unfassbare Dreistigkeit zeigte sich, als ich in meinem Büro zu unterschiedlichen Zeiten mehrfach von beiden angerufen wurde.

Ich erzählte natürlich überall, wie schön das Klassentreffen war, aber nicht, was hinterher passierte.
Meine Kollegin im Innendienst bat ich zwar die Anrufe abzuwimmeln, selbst wenn ich da war. Sie nahm das leider nicht ernst, darum hatte ich die Täter doch irgendwann am Telefon. Ich spürte, wie sicher sie sich fühlten. Sie baten um ein weiteres Treffen, schließlich wollten sie doch noch meine neue Küche aufbauen! Nackte Angst machte sich noch massiver breit, mein einziger Vorteil war, die Gespräche fanden in der Firma statt, dort fühlte ich mich etwas sicherer.

Ich wusste nicht, wie ich mich verhalten sollte und willigte dann tatsächlich einem Treffen mit einem der Täter ein. Allerdings nicht in meiner neuen Wohnung, die Küche hatte ich inzwischen von einer Firma aufbauen lassen und niemals würde ich sie in diese Wohnung lassen. Ich schlug einen öffentlichen Cafégarten vor, mit sehr vielen Menschen, ich wollte dem Schwein in die Augen sehen.

Ich war sehr aufgeregt, aber hatte ja bereits reichlich Übung, um mir meine Unsicherheit nicht anmerken zu lassen. Ich bestimmte wann und wo, das war mir sehr wichtig! Ihm war das gar nicht recht, das war sofort zu spüren, als wir uns tatsächlich gegenüberstanden. Ich war sehr auf Abstand bedacht, er wollte mich überreden, noch auf irgendeine Party zu gehen. Ich fragte ihn, ob er Bilder von dem Abend habe. Sein fieses Grinsen war Antwort genug. Ich log ihn an, sagte, ich könne mich an alles erinnern, wisse von den anderen Opfern. Er wurde kurz blass, hatte sich aber schnell wieder im Griff. Ich sagte ihm, das Leben ist immer gerecht. Selbst wenn es manchmal lange dauert, üble Taten werden immer auf die Verbrecher zurückprallen. Das Universum recht mich, ganz still und leise. Er müsse nun stets auf der Hut sein, er wurde wieder blass. Dann bin ich aufgestanden, habe ihn verflucht und ihm verboten, mich jemals wieder anzurufen.

Erhobenen Hauptes bin ich gegangen. Ich setzte mich in mein Auto und fuhr ein Stück. Ich fing fürchterlich an zu zittern und musste anhalten. Es dauerte eine kleine Ewigkeit, bis ich mich wieder im Griff hatte. Hass stieg in mir hoch.

Er tauchte dann allerdings doch noch ab und zu bei meiner neuen Adresse auf. Ich tat so, als würde ich das nicht mitbekommen. Da ich sowieso unter ewiger Angst litt, war es ja egal, dass ich nun praktisch einen der Täter bedrohte. Noch mehr Angst zu fühlen vor dem, was eventuell passiert, war nicht möglich. Ein Gefühl sagte mir immer wieder, zumindest hat auch er Angst vor dir. Er weiß ja nicht, was ich noch mache. Leider weiß ich bis heute nicht, ob er diese Schlappe seinen Mittätern erzählt hat, ich vermute aber eher nicht.

Ich habe oft Mordgedanken gehegt, sie getötet, gevierteilt, entmannt und gequält, bis ich dann auf die Idee kam, sie so richtig nach mittelalterlicher Art zu verfluchen und ihnen die Pest an den Hals zu zaubern. Nach alter Sitte hatte ich das Recht dazu. Viele werden nun denken, die hat ja tatsächlich einen an der Murmel, mir hat es in dieser unerträglichen Situation aber sehr geholfen.

Ein extremes Problem für mich war, nicht zu wissen, was sie genau mit mir gemacht haben.
Das böse Gefühl, sie haben mich gefilmt, war von Anfang an da. Ich glaube auch den dritten Täter, der wohl gefilmt hat, zu kennen. Leider bin ich mir nicht hundertprozentig sicher.

Lange Zeit hatte ich Angst davor, dass Bilder von der Vergewaltigung auftauchen. Es gibt so viele Horrorgeschichten, in einer spielte ich nun die Hauptrolle. Später habe ich im Internet auf entsprechenden Seiten nach Bildern von mir gefahndet. Mein Verdacht war, sie verkaufen die Bilder. Es hat, wie bereits erwähnt, noch andere Opfer gegeben. Sie sind so unglaublich professionell vorgegangen, alles war geplant! Leider waren meine Fahndungen auf entsprechenden Internetseiten für meinen Seelenfrieden nicht sehr förderlich. Was das mit mir gemacht hat, kann man sich sicher vorstellen.

Das „Warum?“ war lange Zeit eine zentrale Frage für mich. Was habe ich falsch gemacht? Wieso konnte ich nicht auf mich aufpassen? Warum ausgerechnet, als es mir so gut ging?
Warum leide ich als Opfer unter Schuldgefühlen?
Ich habe viel durchgespielt, aber erst sehr spät eine Erklärung erhalten, die mir weitergeholfen hat.

Mein Verstand, alle Therapeuten und Ärzte, mit denen ich ja Gott sei Dank inzwischen spreche, versuchen mir zu erklären, dass ich keine Schuld habe. Ich wurde betäubt und perverse Männer haben mich in einem Zustand tiefster Bewusstlosigkeit vergewaltigt. Ich habe mich nicht wehren können. Sie vergleichen das immer mit einer Vollnarkose. Immer und immer wieder mussten mir die Therapeuten dies erklären, obwohl ich es wusste. Es fiel mir so schwer zu verstehen, was diese Perverslinge daran fanden, ein Stück totes Fleisch zu vergewaltigen.

Was für perverse Seelen müssen sie besitzen, dabei ein Machtgefühl zu empfinden. Das kann doch ein menschlicher Verstand gar nicht auf die Reihe bringen.

Es sind offensichtlich generell Personen ohne jegliches Selbstbewusstsein. Es gibt ihnen ein Machtgefühl, um das es vordergründig geht. Sex spielt eher eine untergeordnete Rolle. Als ich diese Erklärung von einem männlichen Therapeuten bekam, war ich baff.

Wie jämmerlich ist das denn! Sie betäuben mich, vergehen sich dann praktisch an einem toten Stück Fleisch, und das gibt ihnen ein Machtgefühl? Eigenartigerweise hat mir diese Erklärung ein gutes Stück in der Verarbeitung des Verbrechens weitergeholfen. Seitdem betrachte ich sie in einem noch jämmerlicheren Licht. Für mich steht fest: Keiner der Täter geht straffrei aus! Wer tatsächlich so schwach ist, um aus dieser Situation kurzfristig ein Machtgefühl für sich zu ziehen, ist dauerhaft viel zu ängstlich, um der Strafe zu entgehen. Wenn nicht vor einem weltlichen Gericht, dann eben durch das Leben selbst. Der Eine eher, der Andere vielleicht etwas später. Das Gesetz der Resonanz geht seinen eigenen Weg!

Ich bin auf einem guten Weg, mit dem Verbrechen abzuschließen. Die Täter müssen immer auf der Hut sein, egal wie taff sie sich nach außen präsentieren. Ihre Augen verraten sie. Ein schlechtes Gewissen ist ein unruhiges Ruhekissen.

Während der Behandlung dieser traumatischen Vergewaltigung habe ich sehr viel gelernt.
Vor allem habe ich die Macht der Täter endlich gebrochen. Ich habe mich aus der Opferrolle gehoben und bin zu einer Strafverfolgerin geworden. Das ist ein richtig gutes Gefühl. Ich verfolge die Täter. Nach über 18 Jahren habe ich den Weissen Ring kontaktiert, dieser hat mir geholfen.
Ein Rechtsanwalt hat sich meiner Sache angenommen. Natürlich ist die Sache nach so langer Zeit strafrechtlich gesehen eine echte Herausforderung für jeden Juristen, aber nichts ist unmöglich!

Wenn weitere Opfer den Mut aufbringen und reden, stehen die Dinge in einem erfolgreicheren Licht. Ich bin sehr sicher, es wird so weit kommen. Niemals mehr können sich die Täter in Sicherheit wiegen, welchen Schritt werde ich als nächstes gehen? Eine große Unsicherheit für ihr schlechtes Gewissen. Das Leben steckt voller Überraschungen.
Ich weiß inzwischen sehr viel über ihr jetziges Leben, es hat mich viel Kraft gekostet.

Einer der Täter ist, wie bereits erwähnt, inzwischen gestorben. Als ich die Nachricht schriftlich in den Händen hielt, war ich einerseits sehr erleichtert und andererseits traurig, dass er dieses Buch nicht mehr lesen darf. Dann hörte ich aber, wie jämmerlich er vor seinem Tod gelitten hat, na ja, ich weiß, es hört sich komisch an. Aber ich halte das für Gerechtigkeit, nun genau zu wissen, wie stark er leiden musste, bevor er sich vom Acker machen konnte. Das ist ein gutes Gefühl für mich. Er hat mir mein Leben genommen mit seiner bösartigen Tat; einmal mehr ein Grund für mich, an die Gerechtigkeit des Seins zu glauben.

Diese Tatsache erinnerte mich an meinen neuen Fluch, mit dem ich meine miesen Gefühle vernichtete.

Erst habe ich überlegt, vor der Vernichtung ein Foto von dem Kopf in diesem Buch mit zu veröffentlichen, aber das wäre dann keine komplette Vernichtung gewesen. Also habe ich folgenden Fluch in einem ganz besonderen Ritual aus dem Mittelalter ausgesprochen.
Damit die Worte an der richtigen Adresse ankommen, liegen aktuelle Fotos der Täter mit im Kopf. Ich habe ihn sehr tief unter die Erde befördert und dabei eine echte Befreiung empfunden.

Natürlich ist mir klar, dass viele darüber lachen werden, aber tief in ihren dunklen Seelen wird es die Täter beunruhigen!

Für mich war es schon jetzt sehr erfolgreich, Rituale werden sogar von vielen Therapeuten empfohlen. Die Ketten aus meinem Horrortraum sind tatsächlich gesprengt.
Nachdem bereits einige Monate ins Land gezogen sind, kann ich mit einem Lächeln in meinem Gesicht berichten: Meinen fiesen Traum, den bin ich losgeworden. Inzwischen habe ich mich sogar gewagt, mich bei den Tätern vor die Haustür zu stellen und auf Konfrontationskurs zu gehen, natürlich nur verbal. Es ist noch nichts draus geworden, sie waren nicht da.

Aber der Tag kommt, dann schau ich ihnen direkt in die dunkle Seele …

Dieser Fluch gibt mir die Kraft, wieder ein Stück mehr mit meiner Vergangenheit ins Reine zu kommen und die Täter aus meinem Kopf zu verbannen. Ihr Machtgefühl ist also für die Katz. Die Unruhe in ihnen wird immer größer werden!

Fluch der Gerechtigkeit

1. Teil

Schuldgefühle gebe ich euch zurück!

Angstgefühle gebe ich euch zurück!

Angstträume gebe ich euch zurück!

Schamgefühle gebe ich euch zurück!

Ekelgefühle gebe ich euch zurück!

Sprachlosigkeit gebe ich euch zurück!

Hoffnungslosigkeit gebe ich euch zurück!

Kontrollverlust gebe ich euch zurück!

Konzentrationsstörungen gebe ich euch zurück!

Verfolgungsgefühle gebe ich euch zurück!

Fluch der Gerechtigkeit

2. Teil

Lebt ihr allein in eurer Welt,
ihr Menschenschänder!
Ich kappe ab sofort alle Bänder.
Angst, Scham und Ekel habt ihr mir gegeben,
jetzt dürft ihr selber damit leben!

Ich habe euch entdeckt, das wisst ihr.
Die Gerechtigkeit nimmt alles Negative von mir!
Eure Macht habe ich gebrochen.
Muss vor Wut nun nicht mehr kochen.

Eure Köpfe tief in Dunkelheit versenkt,
damit mir selber wieder Frieden geschenkt.
Nun sollt ihr 18 Jahre Buße tun!
Nur wenn ihr dann bereut,
könnt ihr in Frieden ruhen!

Die scharfen Ketten habe ich gesprengt.
Nun leg ich sie euch an.
Damit ihr fühlt, wie es wohl ist,
so schmerzvoll eingeengt.

Täglich werdet ihr an eure Schandtaten denken.
Euer Schicksal wird die gerechte Schöpfung lenken!
Euer Schlaf nun häufig von Hilflosigkeit geplagt,
solange, bis ihr die Wahrheit offen sagt!

Jetzt wird's so sein. -
Jetzt seid ihr nur noch winzig klein!

Pause *– Wow, welch eine Erleichterung! Trotzdem ist das Schreiben ein echter Kraftakt, also muss ich wieder etwas Kraft tanken.*

Anmerkung: Die direkte Anrede der Täter habe ich bewusst „klein gehalten".

Kapitel 9

Offener Brief an die Täter/innen

Eine passende Anrede will mir einfach nicht einfallen. Wahrscheinlich, weil ihr es meiner Meinung nach nicht wert seid. Ihr habt mit euren Taten jede Form von Respekt verloren, obwohl genau das es ist, wonach ihr euch sehnt, welch ein Hohn! Wer Menschen betäubt, um sich zu nehmen, was er begehrt, weil er es sonst nicht bekommt, kann nur unfassbar feige sein. Das habe ich jetzt begriffen.
Dieses Buch ist auch für euch.

Ich habe mich mit vielen Psychologen über eure krankhaften Taten unterhalten, es gibt also zwei Kategorien:

1. Die grundsätzlich Kriminellen, sie setzen **K.O.-Tropfen** meist ein, um ahnungslose Opfer zu vergewaltigen, auszurauben oder aus anderen niederen Motiven. In diesen Fällen ist menschlich gesehen einfach nichts mehr zu machen; diese Zeilen werden ihre Seelen nicht berühren.

2. Die Mitläufer und Dummköpfe, die, die tatsächlich glauben, Macht über die Opfer zu haben.
   Die, in denen trotz allem vielleicht noch eine menschliche Regung ist. Die, die am liebsten ihre Taten vergessen möchten. Die, die immer wieder ein schlechtes Gewissen bekommen. Die, die von diesem Thema möglichst nichts mehr hören wollen. Die, die behaupten, das war ja nur ein Ausrutscher. Die, die sagen, war ja nur ein dummer Jungenspaß. Die, die lange mit ihren Taten prahlen. Die, denen die alten Geschichten peinlich sind. Die, die wissen, schwere Schuld lastet auf ihren Schultern. Die, die vielleicht sogar zu Mördern geworden sind, weil ihr Opfer den **K.O.-Tropfen**-Überfall nicht überlebt hat. Die, die jetzt immer Angst haben müssen.

Es gibt nur eine Waffe für Privatpersonen, die ausschließlich für den Missbrauch, welcher Art auch immer, anderer Menschen angeschafft wird. Das sind **K.O.-Tropfen**. Das bedeutet, jeder, der **K.O.-Tropfen** besitzt, hat kriminelle Absichten und diese ausschließlich zur Schädigung anderer Menschen angeschafft. Es gibt für dieses Verhalten keine Entschuldigung.

Von jeder Pistole, jedem Messer usw. könnte man auch immer annehmen, diese Waffen seien zum Eigenschutz angeschafft und ein Verbrechen war nicht geplant. Diese Ausrede habt ihr für **K.O.-Tropfen** nicht. Diese Taten sind immer geplant, sonst hättet ihr ja keine **K.O.-Tropfen.**

Was du nicht möchtest, das dir angetan wird, dies tue auch keiner anderen Person an!

Es mag einige Täter geben, daher eben Dummköpfe, denen die Schwere ihres Verbrechens nicht klar ist, die sich einfach über ihre Opfer keine Gedanken machen. Manche sollen sogar behaupten, die Opfer seien selbst schuld. Aber tief in euch weiß sogar jede Dumpfbacke, wer die Schuld trägt. Tief in euch wird immer Angst vor der Aufdeckung herrschen!

Spruch: „Was der Sonnenschein für die Blume ist, ist das Gewissen für die Seele."

Weiß deine Frau/dein Mann, was du getan hast? Was sagt denn die süße Freundin dazu?
Was werden deine Kinder dazu sagen? Wie reagiert wohl deine Mutter, wenn sie es erfährt?
Was wird dein Arbeitgeber tun, die Nachbarn? Dein Vater, die Oma, der Opa?
Was sagt dein Gewissen dazu? Wie lebst du mit dieser Schuld?

Was, wenn deine Frau/Freundin bereits Opfer ist, es nur verbirgt, weil sie sich schämt?
Was, wenn deine Mutter bereits Opfers ist, es nur verbirgt, weil sie sich schämt?
Was, wenn deine Schwester/dein Bruder bereits Opfer ist, es nur verbirgt, weil sie sich schämt?

… und was, wenn dein bester Kumpel, Papa, Mama oder Onkel dann der Täter ist?

Wie fühlt sich das für dich an? Was wirst du ihnen sagen? Wie willst du sie trösten?

Deine weiße Weste hat einen riesigen dunklen Fleck. Dieser Fleck wird dich dein ganzes Leben begleiten, auch wenn du immer wieder versuchst, die Weste sauber zu bekommen. Dieser Fleck lässt sich nur mit einer Erleichterung des Gewissens etwas aufhellen. Er wird selbst dann niemals verschwinden, aber vielleicht ein wenig heller. Ganz sicher wird deine Seele Erleichterung verspüren. Ganz sicher wird es den Opfern besser gehen, das bist du den Opfern schuldig.

Am Ende eurer Tage, wenn der Tod ruft, wird es eine große Rolle spielen.
Was sagt dein Gott dazu? Es soll ja auch Täter unter den Gläubigen geben.

Ist es das bisschen eingebildetes Machtgefühl wirklich wert?

Ich habe euch verflucht –
euch alle furchtbaren Gefühle zurückgegeben!

Nun werdet ihr in eurer Schuld leben!
Dies ist für alle Schänder dieser Welt.

Hey – seht her – passt auf:
Die Opfer stehen auf!

Wenden sich an eure Seelen,
Gerechtigkeit nimmt ihren Lauf!

So, weitere Zeilen seid ihr mir einfach nicht wert.

ZEIT

Es ist Zeit Zeit Zeit Zeit,
endlich aufzustehen!
Es ist Zeit Zeit Zeit Zeit
meinen Weg zu gehen!
Ich bin bereit reit reit reit,
für mein Recht zu stehen!
Ich bin bereit reit reit reit,
Vergangenheit zu drehen!
Es ist Zeit Zeit Zeit Zeit
für Gerechtigkeit!

Diese Zeilen richte ich an Menschen, die mit den Gedanken schwanger gehen, sich mittels K.O.-Tropfen zu beschaffen, was sie glauben, sonst nicht zu bekommen. Die Schuld, die ihr damit auf euch laden würdet, werdet ihr niemals wieder los. Es gibt immer mehr Opfer, die sich wehren. Wollt ihr wirklich immer auf der Hut sein, eventuell doch überführt zu werden? Übrigens sei hier noch erwähnt, die Beweislage ist im Zuge der ständigen Forschung wesentlich weitergekommen. Das Risiko erwischt zu werden, steigt damit um ein Vielfaches. Wollt ihr zu Mördern werden? Die Seele der Opfer leidet immer extrem. Durch die Schwierigkeiten der richtigen Dosierung sterben immer wieder Menschen nach der Verabreichung von K.O.-Tropfen. Denkt darüber nach! Willst du als Mörder/in leben???
Deine eigene Seele wird es dir danken, dass du stark geblieben bist.

Wenn ich mit diesen Zeilen nur einen Menschen davon abhalte, mittels dieser Teufelsdroge zum Verbrecher zu werden, hat sich meine Kraft für diese Arbeit gelohnt. Ich danke dir auch im Namen der Menschen, die nun nicht zum Opfer werden.

Stärke ist – es nicht zu tun!

Kapitel 10

Offener Brief an alle Opfer

Liebe/r Verbündete/r,

auf perfide Weise hat sich unser Schicksal verknüpft. Wir fühlen oder fühlten uns als Opfer. Ich hoffe sehr, es geht Dir trotzdem gut.
Schuldgefühle, Angst, Scham, Hilflosigkeit und viele unangenehme Gefühle mehr, wir wissen, was sie mit uns machen.

Dieses Buch ist in erster Linie für uns. Ich habe mir so sehr gewünscht, nach der Tat auf verständnisvolle Menschen zu treffen. Ich habe mir gewünscht, mein langes Schweigen brechen zu können. Ich habe mir gewünscht, auf andere Mitleidende zu stoßen, um mich mit ihnen auszutauschen. Ich habe mir Menschen gewünscht, die mir Mut machen. Doch leider sollte dies sehr lange nicht der Fall sein.

Ich weiß, Dir geht es auch so. Lass uns gemeinsam den Tätern das Fürchten beibringen und die Schuldgefühle dahin verweisen, wo sie hingehören. Lass uns gemeinsam aus der Opferrolle schlüpfen. Es muss endlich Schluss sein mit dieser Sprachlosigkeit. Egal, ob Du vergewaltigt, ausgeraubt oder was auch immer Dir unter K.O.-Tropfen angetan wurde, wir können uns wehren!

Du bist nicht allein!
Du hast keine Schuld!

Es gibt unzählige Opfer, viel mehr als die Öffentlichkeit wahrhaben will; alle Altersstufen, ein großer Anteil im direkten sozialen Umfeld.
K.O.-Tropfen werden bereits seit vielen Jahrzehnten von Verbrechern eingesetzt, das weiß kaum jemand. Es ist nicht einmal unwahrscheinlich, dass eventuell Dein/e Freund/in oder Nachbar/in auch Opfer sind und schweigen. Niemand hat eine Chan-

ce, sich gegen Übergriffe unter dem Einfluss von **K.O.-Tropfen** zu wehren. Die Hilflosigkeit, da viele ja keine Erinnerung direkt an die Tat haben, das Gefühl verrückt zu werden, dieses gemeine Schamgefühl und unzähliges mehr quält viele Opfer nach der Tat. Bitte hol Dir Hilfe!

Ich wollte vor lauter Scham- und Schuldgefühlen nicht einmal sehen, dass ich Opfer eines Verbrechens geworden bin. Wie geht es Dir damit?

Wo steht geschrieben,
ich darf Peiniger aus der eigenen Familie nicht anprangern?
Wo steht geschrieben,
ich darf Peiniger aus meinem Freundeskreis nicht anprangern?
Wo steht geschrieben,
ich darf Peiniger aus meiner Nachbarschaft nicht anprangern?
Wo steht geschrieben,
ich darf Peiniger aus der Schule nicht anprangern?
Wo steht geschrieben,
ich darf Peiniger aus meiner Firma nicht anprangern?
Wo steht geschrieben,
ich darf mein Umfeld mit der wahren Geschichte nicht **„belasten"?**

Du willst Frieden, alte Geschichte nicht aufwärmen. Du findest keinen Frieden, wenn Du länger schweigst, was nicht bedeutet, Du sollst blind auf alles losgehen. Mit Hilfe findest auch Du den richtigen Weg, der Dich aus der Falle führt. Beratungen werden auf Wunsch überall auch anonym geführt. Du musst nur den ersten Schritt wagen. Es gibt viele verschiedene Wege. Der erste Schritt ist bekanntlich immer der schwierigste.

Du bist nicht allein!
Du hast keine Schuld!

Es gibt viele Menschen, die uns helfen, man muss sie nur kontaktieren. Niemals wäre ich allein auf die Idee gekommen, 18 Jahre nach der Tat den Weissen Ring um Hilfe zu bitten. Zu meinem großen Erstaunen bekam ich sofort Unterstützung. Ich möchte Dir Mut machen, trau Dich! Ich habe selbst viel zu lange geschwiegen und bereue das heute sehr. Mein Leben wäre wahrscheinlich viel unkomplizierter verlaufen, wenn ich mich damals getraut hätte zur Polizei zu gehen. Irgendwann fordert die Seele ihr Recht, je länger man wartet, desto schwieriger ist der erste Schritt. Dieser Schritt ist natürlich niemals einfach und braucht ganz viel Mut, aber das ist immer besser, als viele Jahre zu leiden und das Gefühl, nach der Tat alles falsch gemacht zu haben. Das führt zu noch mehr Schuldgefühlen. Es gibt viele Organisation, die Dich einfühlsam unterstützen.

Du bist nicht allein!
Du hast keine Schuld!

Egal, was passiert und wie Du Dich entscheidest, reden hilft immer. Es gibt gute und schlechte Therapeuten. Nimm Dir Zeit, für Dich den oder die richtige zu finden. Viele Beratungsstellen sind Dir dabei gern behilflich.

Ich bin schon lange auf der Suche nach Betroffenen. Leider möchten selbst die, die sich behandeln lassen, oft außer zur Therapeutin keinen weiteren Kontakt. Dabei ist ein Gespräch unter Betroffenen oft wertvoll, wer weiß denn sonst, was Du durchmachst? Ich habe es natürlich übers Internet versucht, die vielen häufig falschen Informationen trugen nicht zur Verbesserung meiner Situation bei, die Verunsicherungen wuchsen noch wesentlich mehr.

Die Darstellungen der Presse sind oft nicht realistisch. Es ist natürlich gut, dass wenigstens ab und zu mal etwas zu lesen ist. Aufklärungsarbeit würde ich das allerdings nicht nennen. Junge Leute werden sehr berechtigt vor Diskotheken gewarnt, aber es gibt so viel mehr Risiken.

Die Öffentlichkeit hat kein Interesse, hörte ich neulich einen Redakteur zu mir sagen. Ich war danach erst einmal richtig schockiert. Wie kann ein Redakteur behaupten, dass potenzielle Opfer kein Interesse an ihrem Schutz haben? Hier geht es darum, die Öffentlichkeit stärker zu sensibilisieren, damit sich die Menschen gegenseitig mehr schützen! Hier ist Aufklärungsarbeit zu leisten!

Auf was muss ich im Verdachtsfall achten? Wen kann ich im Zweifelsfall fragen? Und so weiter. Wir müssen endlich wesentlich mehr über das Thema **K.O.-Tropfen** in die Öffentlichkeit tragen und informieren.
Wir müssen dafür sorgen, dass sich Opfer trauen ...

Ich bin nun 53 Jahre, war fast 19 Jahre Opfer. Lebte nach der Tat lange nur wie in einer Hülle. Ich wollte kein Opfer sein, habe dicht gemacht, war dadurch viel allein. Ich bin so froh und dankbar, durch meinen Zusammenbruch endlich gemeinsam mit Therapeutinnen mein Opferdasein zu beenden. Ich wünsch auch Dir die Kraft dafür, darum gibt es dieses Buch.

Du bist nicht allein! Du hast keine Schuld!

Nur selten geht eines der Opfer zur Polizei, wie auch. Was soll man erzählen, wie es beweisen? Die eigenen Schuldgefühle und die Peinlichkeiten halten uns leider oft davon ab. Aber ausgerechnet unser Verhalten nach der Tat lässt uns zusätzlich so lange leiden. Welch eine Zwickmühle! Allein ist eine Bewältigung ganz häufig nicht möglich.

Egal, ob grad erst geschehen oder viele Jahre her: Du kannst das Verbrechen für Dich aufarbeiten. Bei mir war die Selbstwahrnehmung irgendwann ein großes Problem. Nachdem ich auf Grund meiner Recherchen immer mehr Bestätigung für die Richtigkeit meiner Erinnerung bekam, wurde ich immer mutiger. Ich glaubte anfangs den Ärzten und Therapeuten nicht, dass meine schweren körperlichen Symptome mit meiner Seelennot in Zusammenhang stehen. Ich wollte es einfach nicht hören, zu bitter war die Wahrheit für mich. Ich hätte lieber einen Hirntumor genommen, als mich mit der Vergangenheit auseinander zu setzten. Nun bin ich sehr dankbar. Ich bin zwar immer noch nicht wieder ganz fit, aber es tut gut zu spüren, alles wird wieder gut. Dieses Gefühl wünsche ich auch Dir.

Als ich anfing zu reden und das Geschehen einer Freundin mitteilte, fragte sie mich am Telefon, ob ich sicher sei, dass meine Geschichte stimmt … Ich war mal wieder fassungslos. Wenn sie dieses Buch gelesen hat, wird sie wahrscheinlich fassungslos sein.

Heute kann ich offen sprechen, dadurch haben die Täter ihre Macht verloren!

Was ich gebraucht hätte, waren klare Worte und andere Betroffene. Die Therapeuten machten mir immer wieder klar, wie schlimm mein Trauma ist. Die Besonderheit, dass ich mich auf Grund der **K.O.-Tropfen** nicht an die Tat direkt erinnern kann, macht dieses traumatische Erlebnis so schlimm. Das meine Seele so lange auf Erleichterung warten musste, war reine Zeitverschwendung.

Ich hoffe sehr, den Anstoß für Deinen ersten Schritt gegeben zu haben.
Ich wünsche Dir Mut, Kraft und viele verständnisvolle Menschen für Deinen Weg. Bitte vergiss nicht die Botschaft dieses Buches für Dich.

Du bist nicht allein!
Du hast keine Schuld!!!

Dieses Gedicht habe ich für uns geschrieben

Hoffnung

Der Weg zu mir zurück ist steinig und schwer,
ich hasste meine Vergangenheit und mich so sehr.
Erinnern konnte und wollte ich mich nicht,
war auf die Grausamkeiten nicht erpicht.

Doch irgendwann kam die Wahrheit ans Licht,
nur über so etwas redet man ja nicht.
Als trauerndes Opfer sah ich mich hocken,
danach konnte mich gar nichts mehr schocken.

Ich fühlte mich innerlich stumpf und leer,
ich dachte, ich habe keine Gefühle mehr.
Verrückt ist, Schuldgefühle fingen an mich zu plagen, weil
ich konnte es keinem sagen.

Warum hat man mir das angetan,
diese Frage stand nun täglich auf meinem Plan.
Ich musste lernen damit umzugehen, sonst könnte ich nicht
weiter in diesem Leben bestehen.

Ich konnte mich nicht mehr im Spiegel ertragen, also stellte
ich mir selber Fragen.
Kann man bewusstlos sich wehren,
wenn Verbrecher sich mit Gewalt alles nehmen?

Warum trage ich Schuldgefühle in mir,
fühl mich noch immer wie ein geprügeltes Tier?
Nun musste endlich was geschehen,
so konnte es nicht weiter gehen.

Bis ich dann endlich hab begriffen,
die Schänder haben meine Seele angegriffen.
Aber ich kann was dagegen tun,
darf mich nur nicht im Leid ausruhen!

Die Schuld hab ich ihnen zurückgegeben,
ich führe jetzt mein eigenes Leben.
Ich kann nicht ändern, was damals geschah,
aber ich kann ändern -
dass ich nur die Vergangenheit sah!

Die Lust zu leben stellt sich nur langsam wieder ein.
Ich muss durch die Erinnerung -
sonst wird es ewig so sein.

Das Leben ist schön und als Frau will ich leben.
Das lasse ich mir von niemandem mehr nehmen!

Heute weiß ich - die Schöpfung ist weise.
Sie rächt mich - ganz still und leise.

Ich hoffe sehr, Dir mit diesem Buch Mut zu machen, damit Du das Schweigen brechen kannst. Damit es Dir besser geht. Damit Du wieder lachen kannst.

Ob mit oder ohne weltliche Gerichte ist Gerechtigkeit möglich. Alle bösen Taten gehen irgendwann zu den Tätern zurück. Den Zeitpunkt bestimmst Du mit.

Sie verlieren ihre Macht mit der Angst, die sie bekommen, wenn Du aufstehst!

Niemals können sie ihrer Sache wieder sicher sein!

Jederzeit können neue Beweise auftauchen!

Jederzeit können neue Zeugen auftauchen, oder Mittäter müssen ihr Gewissen erleichtern!

Jederzeit können es ihre Frauen, Töchter, Geschäftspartner, Kollegen und Nachbarn erfahren, damit wären sie geächtet!

Also gebt ihnen die Angst-, Scham- und Schuldgefühle zurück. Sie haben diese erzeugt, also müssen sie damit leben!

Gemeinsam sind wir sehr stark. In diesem Sinne wünsche ich jedem von uns die Kraft, die eigene Stärke und Lebensfreude wieder spüren zu können.

Hier fällt mir der wunderbare Song von Tim Benzko ein – Ich will keine Winter mehr!

Du bist nicht allein!
Du hast keine Schuld!!!
Du bist stark!

Petra

Kapitel 11

K.O.-Tropfen – eine tödliche Gefahr!

Es gibt eine Menge verschiedener chemischer Substanzen, die als K.O.-Tropfen missbraucht werden.
Die wohl bekanntesten sind „Liquid Ecstasy" und GHB (Gammahydroxybuttersäure). Farb- und geruchslos, wasserlöslich, leicht salzig, seifig. Täter verabreichen ihren Opfern die Droge in Getränken oder Speisen.

GHB ist ein Betäubungsmittel und fällt unter das Betäubungsmittelgesetzt (BtMG), die Wirkung ist natürlich stark dosisabhängig.

Geringe Dosis = enthemmend.

Mittlere Dosis = euphorisierend, dämpfend, alkoholähnlicher Rausch, Entspannung, sexuelle Anregung.

Hohe Dosis = hypnotisch, sehr schnelle Benommenheit, Schwindel, Schläfrigkeit, Übelkeit, Erbrechen, Kopfschmerz, Sprachstörung, Atemnot, Gedächtnisstörung, Muskelkrämpfe.

Überdosierung = Lebensgefahr, Epileptische Anfälle, Bewusstlosigkeit, Gedächtnisstörungen, Amnesie, Atemstillstand, Koma, Herz-Kreislauf-Versagen.

Da eine gefährliche Wechselwirkung mit Alkohol und Medikamenten besteht, nimmt ein Täter auch die Tötung seines Opfers wissentlich in Kauf. Eine „ungefährliche" Dosierung gibt es also nicht!

Die Wirkung setzt nach 10 bis 20 Minuten ein und kann bis zu vier Stunden, eventuell noch länger dauern.

Schlagartiger Erinnerungsverlust, Dämmerzustand, Willenlosigkeit, Reglosigkeit, unerklärliche Ortswechsel und das Gefühl, der

„Filmriss“ wurde nicht durch Alkohol verursacht, sind typische Alarmsignale.
Nachweis von GHB: GHB oder die auch manchmal verwendete Vorläufersubstanz GBL (Gammabutyrolacton), die der Körper in GHB umwandelt, kann man auch in den Getränkeflaschen nachweisen, eventuell auch im Mageninhalt oder Erbrochenen. In anderen Körperflüssigkeiten findet man auch nach Aufnahme von GBL nur GHB. Im Urin ist GHB meist länger nachweisbar als im Blut.

Nachweisbarkeit im Blut, bei zeitnaher Asservierung, circa sechs bis acht Stunden, im Urin 12 bis 14 Stunden.

Sicherstellung von Beweismitteln so schnell wie möglich. Urin, eventuell Haare, Trinkgefäße, Flaschen, Kleidung. Toxikologischer Nachweis des Mittels im Blut.

Wer nicht zur Polizei gehen möchte, hat die Möglichkeit, seine Beweismittel kostenpflichtig bei der örtlichen Rechtsmedizin kurzfristig einlagern zu lassen (damit vorhandene Spuren möglichst lange nachweisbar bleiben). Ein Blut- oder Urinnachweis ist natürlich auch ohne Polizei möglich. Die Kosten dafür müssen dann selbst getragen werden. Man kann sich bei den rechtsmedizinischen Instituten auch anonym beraten lassen.

Für die Beweisführung ist es extrem wichtig, möglichst frühzeitig eine Ärztin oder einen Arzt aufzusuchen, um den körperlichen Zustand zu dokumentieren und weitere Spuren sichern zu lassen. Was offiziell dokumentiert wurde, kann auch bei einer späteren Anzeige von großer Wichtigkeit sein. Vielleicht finden sich weitere Opfer, dann fällt es in der Gemeinschaft leichter, die Täter zu überführen.

Der Weg zur Polizei ist natürlich immer richtig, wer keine/n Freund/in oder Familienmitglied um Hilfe bitten kann, meldet sich bei einer Hilfsorganisation, z.B. Frauenberatungen, Weisser Ring oder ähnliche. Dort gibt es viele verständnisvolle Menschen, die den Weg zur Polizei erleichtern, sich um Rechtsanwälte kümmern, oder einfach nur da sind.

Ich hatte sehr lange ein großes Problem, zu akzeptieren, dass ich mich nicht wehren konnte.

Viele Ärzte und Therapeuten erklärten mir immer wieder, was ich ja bereits wusste. Ich befand mich praktisch in tiefer Narkose. Trotzdem habe ich immer wieder nach einer für mich befriedigenden Erklärung gesucht. Dank meiner Hartnäckigkeit und einer ganz wunderbaren Mitarbeiterin eines rechtsmedizinischen Institutes war ich nach folgender Erklärung einen großen Schritt weiter:

Das Gehirn braucht, um gut arbeiten zu können, eine gewisse Schwingungsfrequenz.
Unter dem chemischen Einfluss von GHB wird diese Frequenz je nach Dosierungsstärke extrem weit nach unten gesenkt. Das kann dann kurze oder längere Erinnerungslücken zur Folge haben. Bei hohen Dosen kann das Gehirn keine Informationen, sprich Erlebnisse, mehr verarbeiten. Dann geht es nur noch darum, den Körper am Leben zu erhalten. Es werden einfach keine Informationen aufgenommen, daher können die „nicht aufgenommenen" Informationen nirgendwo abgespeichert werden. Was wiederum bedeutet, nicht gespeicherte Informationen können dann natürlich auch nie abgerufen werden.

Erst nach dieser Erklärung war ich endlich in der Lage, meine starken Schuldgefühle loszulassen.
Wir haben uns dann noch sehr lange unterhalten. Da hörte ich auch das erste Mal von den Fällen, in denen unter K.O.-Tropfen Unterschriften von den Opfern „geklaut" werden und vieles mehr.

Dann bin ich zur Polizei gegangen, auch dort hatte ich sehr nette Gespräche. Es gibt sehr einfühlsame Polizistinnen und auch Polizisten – da haben sich die Zeiten einfach geändert.

Durch den Weissen Ring bin ich bei einer guten Fachanwältin für Sexualdelikte gelandet.

Sogar die Staatsanwaltschaft hat sich Zeit für mich genommen. Der Staatsanwalt hat mir Rückendeckung gegeben und mir viel Mut gemacht. Es gibt immer eine Möglichkeit, man muss nur fragen.

Oft war ich unsicher, kam mir selbst mit meiner Fragerei seltsam vor. Ich fragte mich, was mein Gegenüber wohl von mir hält, wenn ich „peinliche" Fragen stellte. Aber alle nahmen sich Zeit für mich und bestärkten mich, mein Buch zu schreiben.

Jede dieser positiven Erfahrungen hat mir Stück für Stück geholfen, mich zu erheben, den Tätern zu zeigen: Ich bin aufgestanden, mit mir muss man rechnen!

Niemand wird in der Lage sein, K.O.-Tropfen unzugänglich für die Täter zu machen, daher gibt es nur eine wirksame Prävention: Wir müssen aufeinander aufpassen, in der Öffentlichkeit immer wieder über dieses Thema sprechen. Medien sollten sich diesem Thema sensibel immer wieder annehmen. Menschen, die überfallen und niedergeschlagen werden, schämen sich ja auch nicht. Opfer müssen die Täter benennen und anzeigen.

Meine Suche wurde belohnt!

Kapitel 12

Der Weg zu mir

Wieder sind einige Monate ins Land gezogen. Inzwischen habe ich ein sehr vertrauensvolles Verhältnis zu meiner Traumatherapeutin. Sie ist sehr einfühlsam, verständnisvoll und versteht es, mir immer wieder Mut zu machen. Ich bin sehr froh, eine so kompetente Therapeutin gefunden zu haben. Die lange Suche nach dem richtigen Therapieplatz hat sich für mich gelohnt.
Ich bin offen für die Therapie, probiere vieles aus, bin dankbar für jeden Tipp und ständig selbst auf der Suche nach Heilungschancen.

Meine Therapie lief super! Ich merkte langsam positive Veränderungen, die ersten dankbaren Momente zeigten sich zaghaft. Ich ahnte, das Leben kann wieder schön werden. Ich fing an, mich besser zu verstehen. Wenn ich doch bloß endlich wieder arbeiten könnte ...!

Bücher spielten immer eine große Rolle in meinem Leben. Durch die starken Konzentrationsstörungen wurde das Lesen allerdings eine echte Geduldsprobe. Ein Buch wurde praktisch meine „Bibel". Ich habe es in der Klinik von Stefanie bekommen. Seitdem liegt dieses Buch immer neben meinem Bett. Eckhart Tolle beschreibt in seinem Buch „Jetzt" die Kraft der Gegenwart auf einleuchtende Weise, wie man sich im Hier und Jetzt verankern kann! Ich lese noch immer jeden Tag in diesem Buch, selbst wenn es nur ein Satz ist. Dieses Buch hilft mir immer wieder, neue Hoffnung zu schöpfen. Als Ablenkung würde ich sehr gern mal wieder einen Roman lesen, doch dafür reicht die Konzentrationsfähigkeit noch nicht wieder aus.

Auf einer Messe lernte ich Dr. med. Peter Greb und seine Theorie vom BallenGang kennen. In einem Kurzseminar hat er die Vorteile sehr einleuchtend erklärt: die Auswirkungen der Gangart auf Körper, Geist und Seele. Ich habe es ausprobiert. Heute bewege ich mich tatsächlich häufig im BallenGang, trage gesündere Schuhe, benötige keine Einlagen mehr und spüre, wie gut mir diese Veränderung tut.

Zufällig landete ich bei einer Kartenlegerin, manch einer wird nun schmunzeln. Aber auch dieses Ereignis war ein kleiner Baustein. Sie hat mir geraten, ein Buch zu schreiben. Sie hat mir Mut gemacht. Sie hat mich zum afrikanischen Trommeln gebracht.

Dann ein extrem aufregendes Ereignis: Der Moderator einer Radiosendung zum Thema Depressionen fragte mich, ob ich in dieser Sendung von meiner Erfahrung mit den K.O.-Tropfen berichten möchte. Ich sagte mit klopfendem Herzen zu; dieses Erlebnis war für mich extrem wertvoll. Ich bekam die Möglichkeit, über mein Trauma in der Öffentlichkeit zu berichten. Meine Güte, war ich aufgeregt! Ich erlebte diese Minuten wie im Nebel und hatte das Gefühl, nur Müll zu erzählen; ich war mir anschließend sehr peinlich! Erst einige Tage später brachte ich den Mut auf, mir mein eigenes Interview noch einmal anzuhören. Da war ich dann erstaunt, wie gut ich mich „geschlagen" hatte. Ich traute mich, ein wenig stolz auf mich zu sein! So bin ich wieder einen sehr wichtigen Schritt für mich gegangen!
Es gab noch viele andere kleine Bausteine auf dem Weg zurück zu mir: Bücher, Bilder, Schreiben, vor allem Menschen, die an mich glauben, Gespräche und Erkenntnisse. Ich kann nur jedem raten: Probiert aus, glaubt nicht alles. Jeder muss seinen eigenen Weg finden und viele Steine aus dem Weg räumen, aber es lohnt sich!

Ich fühlte mich „relativ stark", machte einen Ausflug in meinen alten Heimatort, besuchte alle „bösen Orte", fotografierte und konfrontierte mich mit der Tat: die Schule, die Kneipe, das alte Wohnhaus, die Täter. Ich wollte wissen, wie es mir damit geht. Es hat sehr viel Kraft gekostet, ich musste früher als geplant wieder nachhause und habe mich überfordert. Dennoch war es richtig und machte mich stärker.

Wenn es meine körperliche Verfassung erlaubte, ging ich zum Trommeln und zum Bauchtanz. Das war meine Ergotherapie und gab mir Kraft. Immer weiter auf der Suche nach Erklärungen für mich besuchte ich verschiedene Vorträge und wurde immer wieder belohnt. Je mehr Fachleuten ich zuhörte, desto mehr konnte ich meine Vergangenheit und die daraus entstandene Krankheit akzeptieren.

Die Therapie machte trotz vieler dunkler Stunden weiter Fortschritte. Allerdings saß da noch ein sehr tiefer Stachel in mir! Meine Kindheit fing während der Therapie an eine Rolle zu spielen.
Ich konnte mich kaum an meine Kindertage erinnern, seltsam! Immer häufiger spielte sich folgendes Bild in den Vordergrund: Als kleines Mädchen hocke ich zusammengekauert hilflos an einer Wand. Kaltes Grauen hält mich gefangen, ich bin sprachlos, kann mich nicht bewegen und habe große Angst! Ich mache immer wieder einen Deckel auf diese Erinnerung! Einen sehr festen Deckel! Aber irgendwann muss ich auch diese Erinnerung bearbeiten, das spüre ich. Unaufhaltsam wühlt sich dieser dunkle Fleck an die Oberfläche!

Die Wochen fliegen an mir vorbei, mein Krankengeld läuft aus. Ich werde ausgesteuert und bekomme natürlich sofort wieder Zukunftsangst. Was muss ich jetzt alles wieder machen? Ich bin noch immer bei jeder Kleinigkeit überfordert und fühle mich erneut hilflos. Meine Symptomatik bessert sich zwar langsam, nur fürs Berufsleben reicht es einfach noch immer nicht. Angst! Ich bin mir wieder peinlich. Wie lange noch?

Ich muss nun zum Arbeitsamt. Da ich noch krank bin, steht mir zwar Arbeitslosengeld zu, aber ein Sachbearbeiter vom Arbeitsamt setzt mich stark unter Druck, indem er mir erklärt, ich habe nun genau vier Wochen Zeit, um Erwerbsminderungsrente einzureichen, sonst gibt es kein Arbeitslosengeld! Ich bin erneut fassungslos, nun werde ich sogar gezwungen Rente einzureichen. Ich bin am Boden zerstört! Meine bis dahin relativ gute Verfassung verabschiedet sich mal wieder. Panik steigt hoch, ich bin überfordert. Ich komme gar nicht auf die Idee, eine falsche Auskunft bekommen zu haben und stelle mit großer Kraftanstrengung, wie gefordert, einen Rentenantrag. Ich lasse mich bei dem Sozialdienst eines Krankenhauses beraten und gebe den Antrag bei einer Bürgerstelle ab. Niemand kommt auf die Idee mir zu sagen, dass der Rentenantrag nicht der richtige Weg ist.

Nachdem viel Papierkram erledigt ist, der Rentenantrag alle meine Kraftreserven gekostet hat und noch vor der Frist abgegeben ist, bekomme ich Post vom Arbeitsamt.
Was für eine Erleichterung - das Arbeitslosengeld wurde genehmigt, aber gleichzeitig steht in dem Bescheid, ich habe ab nun vier Wochen Zeit, um einen Nachweis für eine Reha-Maßnahme **oder** einen Rentenantrag zu erbringen. Ich fange an zu heulen, ich glaub das einfach nicht! All die Anstrengung und Aufregung war umsonst. Immer wieder habe ich nach Stellenangeboten Ausschau gehalten, vielleicht könnte ich ja wenigstens einen ganz einfachen Job annehmen. Die Kostenträger rauben mir immer wieder meine Kräfte. Ich versuche Bewerbungen zu schreiben, um kläglich zu scheitern. Mein sich vorsichtig aufgebautes Selbstvertrauen bricht sofort wieder in sich zusammen, ich fühle mich wieder klein und nutzlos und habe keine Zeit mehr, an meiner Gesundung zu arbeiten!

Dann habe ich großes Glück und gerate an zwei sehr nette und kompetente Mitarbeiter beim Arbeitsamt, die mich aufklären. Ich wurde tatsächlich falsch beraten und soll nun einen Antrag auf eine berufliche Rehabilitationsmaßnahme stellen. Das mache ich natürlich, doch damit ist das Chaos bei der Rentenversicherung jetzt vollendet, denn nun hatte ich einen Rentenantrag und einen Rehabilitationsantrag gestellt. Auf telefonische Nachfrage bei der Rentenversicherung wird mir mitgeteilt, was ich nun alles tun muss, um wieder Ordnung in das Chaos zu bekommen.

Leider werden die Anträge von verschiedenen Stellen bearbeitet, die nicht miteinander kommunizieren. Ich komm an meine Grenzen. Durch Zufall höre ich nun vom Sozialverband, werde dort Mitglied und bekomme Hilfe. Was für eine Erleichterung!

Dieses ganze Chaos wirft mich erneut zurück und zeigt mir sehr deutlich, wie schnell ich an meine Leistungsgrenzen gerate, doch meine Therapie hat mir geholfen, mich wieder zu fangen.

Dann wird meine Mutter krank und stirbt innerhalb kürzester Zeit; ich bin total geschockt! Unser Verhältnis war nie das beste. Nach dem Vorfall mit den K.O.-Tropfen habe ich für einige Jahre den Kontakt zu meinen Eltern abgebrochen. Darum war ich sehr verwirrt, dass es mich so tief getroffen hat. Ich durfte im Krankenhaus an ihrem Bett sitzen und mich von ihr verabschieden, aber ich spürte auch – sie nimmt ein Geheimnis mit ins Grab!

Schon immer hatte ich das Gefühl, nicht zu dieser Familie zu gehören. Kurz vor ihrem Tod versicherte sie mir mich zu lieben, daran hielt ich mich erst einmal fest.
Sie fehlt mir, egal wie sie war. Sie fehlt mir sogar sehr. Die Trauer hat mich wochenlang in Schach gehalten. Noch immer will ich sie jeden Sonntag anrufen und vergesse oft, dass sie nicht mehr hier ist. Der Tod meiner Mutter hat mich erneut ein ziemliches Stück zurückgeschmissen.
Meine Therapeutin brauchte viel Geduld, um mich zu überzeugen, dass die Trauerarbeit ein völlig „normaler Vorgang" ist und auch jeden „gesunden" Menschen schwer belastet.
Wieder einmal übermannte mich die Angst, nie wieder richtig gesund zu werden.

Inzwischen darf ich an einem tollen Projekt für seelische Gesundheit mitwirken und habe dadurch nette, verständnisvolle Menschen kennengelernt, die mir immer wieder Mut und Zuversicht auf eine gute Zukunft schenken. Leider konnte ich mich bei weitem nicht so einbringen, wie ich gern wollte. Alle haben viel Geduld ... Danke!

Ich habe gelernt: Mit den Auswirkungen der Posttraumatischen Belastungsstörung umzugehen. Ich habe gelernt: Die Vergewaltigung mit viel Abstand zu betrachten. Ich habe gelernt: Ich habe keine Schuld. Ich habe gelernt: Ich bin nicht allein! Ich habe gelernt: Meine Krankheit zu akzeptieren und ich werde sie überwinden. Ich habe gelernt: Mit der Trauer umzugehen und vor allem habe ich gelernt Hilfe anzunehmen! Ich habe gelernt: Wo sich eine Tür verschließt, öffnet sich tatsächlich die nächste.

Die Konzentrationsstörungen werden besser, die Glocke um meinen Kopf wird immer dünner. Meine Reha ist genehmigt und ich bin nun auf einem guten Weg und sehr zuversichtlich. Es gab vieles, was mir sehr geholfen hat, es gab auch einiges, was mir sehr geschadet hat. Ich würde sehr gerne mit kompetenten Menschen über unser eigentlich gutes, aber häufig schlecht umgesetztes Gesundheitssystem diskutieren. Warum werden eigentlich nie Betroffene mit einbezogen, wenn es um wichtige Entscheidungen geht? Ihre Erfahrungen wären sehr wertvoll für eine sinnvolle Therapieplanung. Viele Behandlungen könnten wesentlich individueller und trotzdem kostengünstiger gestaltet werden.

Ich war Opfer eines Gewaltverbrechens! Ich habe jedes Recht dieser Welt, traurig, wütend, verletzt und verunsichert zu sein! Niemand hat das Recht, meine gesundheitliche Situation zu verurteilen! Falsche Schuldgefühle und Scham haben mich vor langer Zeit abgehalten, Polizei, Freunde und Familie mit ins Boot zu holen. Es wäre sicher damals kein leichter Weg für mich gewesen, aber der richtige. So viel Leid hätte ich mir ersparen können!

Als ich anfing über den Überfall zu reden, fiel eine Zentnerlast von mir ab. Die Täter haben noch andere Opfer unter K.O.-Tropfen vergewaltigt, eines Tages werden auch diese Opfer reden, das weiß ich. Vielleicht tun wir uns dann zusammen!

Je mehr Opfer reden, desto weniger Täter wird es geben. Wenn Opfer reden, bekommen Täter Angst vor Verfolgung. Ihr braucht Euch nicht vor Euren Freunden und Familien zu schämen, vielleicht ist da schon jemand, der sich in der gleichen Lage befindet und sich nicht traut zu reden …!

Dein Verstand kann eventuell verdrängen, Deine Seele wird irgendwann ihr Recht einfordern!
Warte nicht, bis es zu spät ist. Lebe Dein Leben! Jetzt!

Steh auf, vielleicht kannst Du damit verhindern, dass demnächst Deine Tochter oder Dein Sohn zum Opfer wird … dann wärst du sehr stolz auf Dich!

Mein Weg zu mir wird endlich wieder bunter … Danke!

Nachwort

Frühling 2015

Ich war mutig, ich habe diesen dunklen Teil meiner Vergangenheit tatsächlich aufgeschrieben. Es war für mich ein besonders wichtiger Teil der Traumatherapie. Es ging mir dabei teilweise sehr schlecht, ich habe viel geweint und Rachegedanken wollten mich blockieren. Ich rutschte tief in die Erinnerung, die mich oft zu lähmen drohte. Aber mein Wille war dann doch größer. Das erfüllt mich mit Stolz!

Ich habe nach bestem Wissen aus meiner Erinnerung alles zu Papier gebracht, in der Hoffnung, den vielen Opfern von K.O.-Tropfen-Überfällen eine Stimme zu geben. Mit diesem Buch versuche ich Mut und Verantwortung zu transportieren. Das ist meine Motivation.

Jetzt habe ich die nächste Hürde genommen und den Menschen, die meine persönliche Geschichte bereits gelesen haben, trotzdem wieder in die Augen gesehen. Ich gebe zu, dieser Teil war nochmal eine große Herausforderung. Beim Überarbeiten des Manuskriptes habe ich mit Erstaunen festgestellt, dass ich den furchtbaren Kettentraum nicht mehr träume und das Täterlachen verschwunden ist! Was für eine wunderbare Erkenntnis! Was für ein bedeutsamer Sieg über die Täter für mich, sie haben ihre Macht über mich verloren! Ich bin jederzeit in der Lage, über dieses Ereignis zu sprechen, ohne mich zu schämen. Dafür hat sich der schwere Weg gelohnt!
Es gab einige Diskussionen zwischen lieben Menschen und mir, ob ich mir die Veröffentlichung antun möchte. Es könnte Reporter auf dumme Ideen bringen. Ich kann mir ehrlich gesagt nicht vorstellen, dass es nur einen einzigen Menschen gibt, der die Täter in Schutz nehmen würde. Oder vielleicht doch, dann könnte er meiner Meinung nach nur selber ein Täter sein …

Ich stelle mich gerne jeder Diskussion – denn ich bin wieder aufgestanden!

Die kleine Petra meldet sich

Die alte Kindheitserinnerung ließ sich Anfang 2015 nicht mehr unterdrücken. Das kleine traurige Mädchen meldete sich nun immer öfter. Also entschloss ich mich mittels einer EMDR[1] Traumatherapie, auch diesem Geheimnis auf die Spur zu kommen.

Ich war nicht darauf vorbereitet, was die kleine Petra bereits Furchtbares erlebt hat. Warum die Erinnerung nur von Grauen, Angst, Hilf- und Sprachlosigkeit geprägt ist.

Ich muss tatsächlich ein noch älteres Trauma verarbeiten und bin noch immer fassungslos, wie grausam Menschen sind. Ich wurde mit aller Macht in die PTBS zurückgeschleudert, schöpfe aber dank der Therapie und meinen Erfahrungen wieder Hoffnung.

Der Kampf um meinen Seelenfrieden geht weiter und ich werde ihn gewinnen …!
Irgendwann werde ich auch darüber reden können!

Nur mit Hilfe vieler guter Geister bin ich in der Lage gewesen, mich auf eine Traumatherapie einzulassen, meine Krankheit zu verstehen und das an mir verübte Verbrechen zu verarbeiten. Oft war ich regelrecht überrascht von der Sensibilität und Bereitwilligkeit mir zu helfen. Die Begegnungen fanden trotz meiner Erkrankung auf respektvoller Augenhöhe statt, auch das hat mir sehr geholfen. Meine Fragen wurden sehr ernst genommen und ausführlich beantwortet. Nur so konnte ich mir nach und nach selbst ein Bild meiner Krankheit machen, um sie zu verstehen, zu akzeptieren und mich auf den Heilungsweg zu begeben.

---

[1] Die Abkürzung EMDR steht für **E**ye **M**ovement **D**esensitization and **R**eprocessing.
Bei einer EMDR Therapie sollen Patienten unter Anleitung des Psychotherapeuten Erinnerungen an das Trauma wachrufen und es mit dieser Therapieform verarbeiten.

Ich danke

meiner Ärztin, meiner Rechtsanwältin und der Gerichtsmedizinerin, die sich so viel Zeit für mich genommen haben, und natürlich meinen sehr kompetenten Therapeutinnen, der Polizei und Kripo sowie der Staatsanwaltschaft und den Beratungsstellen.
Ich habe Euch gelöchert mit meinen unendlichen Fragen, war häufig ungeduldig auf der Suche nach Wahrheit, Gerechtigkeit und Heilungsmöglichkeiten.

meiner Verlegerin Manuela Kinzel, die mit viel Geduld und Einfühlungsvermögen ein Buch aus meinem Manuskript machte.
Auf diesem Weg möchte ich meinen tiefen Dank für viel Verständnis, Geduld und Informationsbereitschaft zum Ausdruck bringen.

Und natürlich danke ich den lieben Menschen, die mich einfach so begleiten, mir immer wieder Mut machen und mir ihre Freundschaft schenken. Ihr seid da, wenn ich Euch brauche und Ihr zeigt mir, dass ich Euch vertrauen kann. Weil Ihr mir vertraut, lerne ich auch wieder, mir selber zu vertrauen. Das ist sehr schön! Ohne Euch hätte ich nie den Mut gefunden, diese Buchseiten tatsächlich zu füllen.

Ihr habt mich an mich erinnert –

und tut es immer wieder …

Menschen finden,
die mit uns fühlen
und empfinden,
ist das wahre Glueck.

November 2018

Die letzten Jahre sind - gefühlt - an mir einfach so vorbeigeflogen. Der Kampf gegen meine Erkrankung sowie ständige Probleme mit Behörden und Kostenträgern fordern häufig meine Kraftreserven.

Durch den Versuch mittels Traumatherapie meine Vergewaltigung unter K.O.-Tropfen zu verarbeiten, hat sich die „kleine Petra" immer lauter gemeldet. Meine Seele begann häppchenweise, grauenhafte Erinnerungen an meine Kindheit freizugeben. Immer wieder bin ich erschüttert, was erwachsene Menschen Kindern antun und musste lernen, auch hier bin ich bei weitem kein Einzelfall. Doch darüber möchte ich hier nicht weiter berichten.

Mein öffentlicher Umgang mit der Vergewaltigung kostet mich zwar viel Kraft und stößt bei einigen Menschen auf Unverständnis, auf der anderen Seite bekomme ich dafür sehr viel Anerkennung, Mut und Dankbarkeit geschenkt. Mut, den ich dringend benötige, um irgendwie mit der Kindheitserinnerung leben zu können. Alles hat eben zwei Seiten.

Ich habe überwiegend Menschen kennen gelernt, die mein Engagement zum Thema K.O.-Tropfen unterstützen und mich ermutigen weiter zu machen. Nach der Veröffentlichung der ersten Auflage dieses Buches erreichten mich viele Interviewanfragen. Ich habe Interviews für Rundfunk und Zeitschriften gegeben sowie mehrfach vor laufenden Kameras die Geschichte meiner Vergewaltigung erzählt. Immer in der Hoffnung, dass Zeitschriften und Radio/Fernsehsender die Öffentlichkeit ehrlich und sensibel über die zunehmende Problematik durch K.O.-Tropfen aufklären möchten. Umso dazu beizutragen, dass es weniger Opfer gibt. Leider kam oft nur ein „Mitleidsbericht" über Opfer heraus, und die wichtige Aufklärung verlor sich auf dem Weg zum Erscheinungs- beziehungsweise Sendetermin. Ich habe gelernt, dass Journalisten/innen und Reporter/innen an vorgegebene „Spielregeln" gebunden sind.

Nur wenige Menschen dürfen zensurlos schreiben und berichten, was sie sehen und aufdecken.

Egal wie es mir geht, wenn eine Lesung ansteht, schaltet sich, ich nenne es mein „sinnvoller Präventionsschalter", an. Dann bin ich in der Lage, den Zuhörern meine Geschichte zu erzählen und über die vielen mir zugetragenen furchtbaren Verbrechen zu berichten. In der Hoffnung, dass sich die Menschen weiter informieren, die Gefahr erkennen und gegenseitig auf sich aufpassen. Leider hat sich an der Verhaltensweise von Betroffenen nicht viel geändert. Die meisten verlieren den Kampf gegen Schuld- und Schamgefühle. Da nur wenige Opfer von K.O.-Tropfen-Überfällen den Mut finden Täter anzuzeigen, spiegeln Statistiken das Ausmaß dieser Problematik nicht wieder.

Trotzdem hat sich mein Engagement gelohnt, weil Betroffene mir für mein Buch danken und sich dadurch trauen, Hilfe anzunehmen. Was für eine wundervolle Belohnung. Es war jede Träne und jede Enttäuschung wert, meine Erinnerungen ungeschönt zu veröffentlichen.

Viele Menschen glauben noch immer, sie geht das Thema K.O.-Tropfen nichts an und reagieren peinlich entsetzt, weil ich „einfach" über meine Vergewaltigung rede.

Die Leute begreifen während meinen Lesungen allerdings schnell, worum es geht und hören mir aufmerksam und empathisch zu. Egal ob Männer, Frauen oder Kinder, egal welche gesellschaftliche Schicht, auch Verbrechen aus sogenannten „gehobenen Kreisen" und Prominenz dringen zu mir. Die Täter kennen keine Grenzen.

Ich habe in Kliniken, Gymnasien, Universitäten und Gefängnissen gelesen. Lesungen, die ich nie für möglich gehalten hätte. Vor interessierten Frauen und Männern aller Altersklassen. Schüler, die mir über eine Stunde aufmerksam zuhören, Häftlinge, die mir empathische Aufmerksamkeit schenken und sich für meinen Besuch bedanken. Dies zeigt mir, wie wichtig es ist, ehrlich über Tabuthemen zu reden. Damit andere Menschen die Chance haben, es besser zu machen als ich und nicht viele Jahre durch eine Posttraumatischen Belastungsstörung leiden müssen. Damit die Möglichkeit besteht, sich vor miesen Drogen zu schützen oder beschützt zu werden. Damit Mut entsteht, sich Hilfe zu holen und es eines Tages selbstverständlich ist, diese Verbrechen anzuzeigen.

Nach jeder Lesung gibt es ausführliche Diskussionen und Gespräche. Danach fahre ich mit dem guten Gefühl nach Hause, etwas bewegt zu haben. Noch nie gab es eine Lesung, ohne dass mindestens ein Opfer anwesend war. Das letzte Opfer, welches ich nach einer Lesung kennen lernen durfte, ist über 70 Jahre. Die Dame wurde vor langer Zeit gleich zweimal Opfer von K.O.-Tropfen und leidet Jahrzehnte später noch an den unglaublichen Folgen. Ihr Vertrauen hat mich tief berührt. Glücklicher Weise konnte ich sofort den Kontakt zu einer empathischen Mitarbeiterin vom Weissen Ring herstellen und hoffe sehr, dass die Dame Hilfe annimmt, um ihrer Seele endlich Frieden zu schenken.

Mir persönlich hat der Weisse Ring bereits mehrfach zur Seite gestanden und mich unterstützt. Ohne die empathischen Mitarbeiter dieser Organisation hätte ich weder den Mut, noch die Mittel gehabt, um mein Recht zu kämpfen. Ich bin sehr froh, Mitmenschen, die aus reiner Überzeugung so wertvolle Arbeit leisten, begegnet zu sein.

Das gibt mir ein kleines Stück Glauben an die Menschlichkeit zurück. Danke, dass es Euch gibt. Danke, dass Ihr ehrenamtlich so vielen Opfern beisteht.

Die ehemalige Bischöfin Kirsten Fehrs hat mich eingeladen, anlässlich des Tages der Kriminalitätsopfer in der Hauptkirche St. Jacobi in Hamburg folgende Fürbitte vorzutragen:

Christus, Versöhner unseres Lebens

Wir beten für die, die gefangen sind im Teufelskreis von Gewalt und Abhängigkeit und wieder Gewalt. Die zu Tätern werden und sich nicht zu retten vermögen vor sich selbst und ihrer Zerstörungswut. Dringe zu ihnen durch mit deinem Licht, dass ihnen klar wird, was sie tun. Dass sie menschlich werden, indem sie ihre Schuld erkennen. Und o Gott, dringe durch auch zu uns und lass uns Partei ergreifen für die Opfer, wie du es stets tatest. So dass wir ihnen eine Stimme geben, die die Zwischentöne kennt und Feingefühl.

Mein eigener Glaube an das Dasein hat nichts mit der Kirche zu tun. Trotzdem waren diese Fürbitte sowie das Gespräch mit Frau Fehrs für mich ein wertvolles Ereignis.

Viele Menschen haben mir für mein Buch und die informativen Lesungen gedankt. Es gab auch unschöne Begegnungen mit Leuten, die mich dafür verurteilen, dass ich so eine intime Geschichte in die Öffentlichkeit „zerre". Ich vermute, sie waren selber Opfer. Auch ich hätte vor einigen Jahren vielleicht so reagiert.

Leider bin ich mit der Verfolgung der Straftäter an gesetzliche Grenzen gestoßen. Dass es noch immer keine Möglichkeit für mich gibt, weltliche Gerechtigkeit zu erfahren, ist eine bittere Pille.

Dann kam mir die für mich rettende Idee. Ich habe mir viel Zeit genommen und angefangen, nach meinen Maßstäben Gerechtigkeit walten zu lassen. Ich bin tief abgetaucht, habe Wahrheit mit Fiktion gemischt. Auf diese Weise meiner Wut, Enttäuschung, meinen Rachegedanken und meinem tiefen Bedürfnis nach Gerechtigkeit freien Lauf gelassen. Ich habe mich über mich selber gewundert. Mich zuerst für meine Rachegedanken und die extremen Inhalte geschämt. Ich war überrascht, wie leicht mir das Schreiben fiel und sich sinnvoll ein Ereignis an das nächste reihte, was das Schreiben sehr faszinierend machte. Über 400 Seite haben sich mit einer unglaublichen Geschichte, in der so viel Wahrheit steckt, beinahe wie von selbst gefüllt.

Rausgekommen ist ein Thriller mit einem Ende, das ich für gerecht halte. Ich bin auf andere Meinungen sehr gespannt.

Mit guten Freunden/innen habe ich auf verschiedenen Veranstaltungen getestet, wie Menschen reagieren, wenn sie sehen, dass gleich nebenan an Tisch oder Theke K.O.-Tropfen heimlich in Getränke oder Essen gemischt werden. Die Experimente waren immer gleich. Zwei oder drei Leute suchen sich einen gemeinsamen Platz in der Öffentlichkeit. Eine/r steht auf, geht zur Toilette und die anderen tropfen ganz offensichtlich mit einem auffälligen Apothekerfläschchen, auf dem K.O. steht, Flüssigkeit in Essen oder Getränke. Was passiert? - Rate mal …

Leider haben wir es lediglich ein einziges Mal erlebt, dass eine beherzte Frau hinter der Theke fragte, was wir dort machen. Sonst haben die Menschen interessiert zugesehen und peinlich berührt weggesehen, wenn die scheinbaren Opfer die heimlich beigemischten K.O.-Tropfen zu sich genommen haben.

Das ist der Grund, der mich immer wieder antreibt. Mehrfach wollte ich mit den für mich aufwühlenden Lesungen aufhören. Weil ich oft müde bin und mir die finanziellen Mittel für große, sensible Aufklärungskampagnen fehlen. Ich wollte einfach nur versuchen, die Vergangenheit hinter mir zu lassen.

Da ich immer noch kein anderes Opfer gefunden habe, welches Präventionsarbeit in der Öffentlichkeit leisten möchte, werde ich es weiter versuchen. In der Hoffnung, dass immer mehr Menschen sich für dieses Tabuthema interessieren. Damit es eines Tages selbstverständlich ist, jede Schülerin und jeden Schüler über die Wirkungsweise von K.O.-Tropfen sinnvoll aufzuklären. Dass Menschen sich selbstverständlich vor Drogen-Überfällen schützen und darüber reden.

Weil sich Menschen jederzeit ändern können und hoffentlich anfangen empathisch miteinander umzugehen, nicht mehr wegsehen. Denn auch Du kannst morgen bereits Opfer sein …

Um das zu verhindern, musst Du dieses Thema nur ernst nehmen, Dich erkundigen, wie es sich anfühlt, K.O.-Tropfen heimlich verabreicht zu bekommen. Um im Ernstfall den Mut zu haben, entweder Hilfe leisten oder als Opfer rechtszeitig um Hilfe rufen zu können.

Ich wünsche Dir viele unbeschwerte Feiern und friedliche Begegnungen in Deinem Leben.

Ich wünsche Dir viel Mut, Kraft und emphatische Menschen an Deiner Seite, falls Du diese furchtbare Erfahrung bereits machen musstest. - Es ist tatsächlich so …

Du bist nicht alleine - Du hast keine Schuld - Es gibt viele Menschen, die Dir gerne helfen,

Du musst nur den ersten Schritt gehen.

An dieser Stelle möchte ich den wichtigsten Menschen in meinem Leben danken.

Freundinnen, die immer für mich da sind, egal wie es mir geht.

DANKE für Eure Unterstützung - ohne Euch hätte ich nicht überlebt …

Fallbeispiele

Leider wurden mir im Laufe der letzten Jahre sehr viele schlimme Geschichten von hinterlistigen Verbrechen unter dem Einfluss von K.O.-Tropfen erzählt. Nur selten haben die Betroffenen die Kraft und den Mut, diese Verbrechen anzuzeigen. Ich berichte in Kurzform über einige Fälle, weil sie die Bandbreite aufzeigen. K.O.-Tropfen sind ein weiter zunehmendes Problem in unserer Gesellschaft. Jeder kann jeden Tag aus den verschiedensten Gründen Opfer dieser hinterhältigen Verbrecher/innen werden. Genau darum ist es so wichtig, sich zu informieren, wie man sich schützen kann.

Fallbeispiele von Menschen, die mit mir von Opfer zu Opfer gesprochen haben:

Eine junge fröhliche Frau fängt an zu studieren. Sie verliebt sich in den Freund ihres Bruders, sie ziehen gemeinsam in eine Wohnung. Plötzlich bekommst sie jede Woche am Wochenende gesundheitliche Probleme, die sich von Woche zu Woche steigern. Ihr „führsorglicher" Lebenspartner fährt mit ihr ins Krankenhaus und heuchelt tiefes Verständnis.
Die Ärzte finden keinen plausiblen Grund für ihren desolaten Zustand. Sie kann ihr Studium nicht fortsetzen und findet nach vielen Wochen eines Tages in ihrem Sicherheitsbereich in ihrem Heim eindeutige Fotos von sich, die sie noch nie gesehen hat. Bilder mit sexuellem Hintergrund. Sie kann sich weder an die Situationen erinnern, noch daran, dass jemand je solche Fotos von ihr gemacht hätte.
Sie wurde stutzig und so kam heraus, dass ihr Lebenspartner ihr jedes Wochenende K.O.-Tropfen verabreicht hat, um sie zu vergewaltigen, um davon auch noch Bilder zu machen.

Ein junger Mann, ebenfalls Student und heterosexuell, wird von homosexuellen Männern vergewaltig.

Ein kleines Mädchen schläft regelmäßig bei ihrer Klassenkameradin. Der Vater der Freundin umsorgt die Kinder immer freundlich mit einem Kakao am Abend. Der Kakao enthält K.O.-Tropfen. Die eigene Tochter lässt der Verbrecher schlafen, an der Schulfreundin vergreift er sich regelmäßig.

Eine ältere Dame bekommt Besuch von einer ihr vertrauten Person. Sie trinken, wie so oft, gemütlich Kaffee und essen Kuchen. Plötzlich wird ihr übel und dann erinnert sie sich für einige Stunden nicht mehr an das, was geschah. Durch einen Zufall fand sie ihre eigene Unterschrift auf einem Testament, welches sie so nie gemacht hat.

Ein Mann im besten Alter ist in einer Bar unterwegs und lernt eine nette Frau kennen. Einige Stunden später findet er sich verwirrt auf der Straße wieder. Es dauert einige Zeit, bis er erfährt, dass sein Kontostand in dieser Nacht erheblich reduziert wurde. Er hat offensichtlich unter dem Einfluss von K.O.-Tropfen seine Geheimnummer preisgegeben, denn die Abhebung fand ganz legal in dieser Nacht mit seiner Geheimnummer statt. Er kann sich erinnern, dass ihm in der Bar nach einem Getränk extrem übel wurde.

Eine Frau mittleren Alters ist mit einem ihr bekannten Mann für ein Abenteuer verabredet.
Allerdings war nicht verabredet, dass er ein Sex Video mit ihr dreht und dieses dann veröffentlicht. Sie kann sich nicht daran erinnern, aber daran, dass sie sich nach einem Glas Sekt plötzlich extrem schlecht fühlte.

Eine junge Frau feiert mit allen Dorfbewohnern ein fröhliches Fest. Sie trinkt kaum Alkohol und bricht plötzlich zusammen, wirkt für die Dorfgemeinschaft schwer alkoholisiert. Sie hatte Glück, ihre Freundin bringt sie rechtszeitig ins Krankenhaus. Es waren nur Menschen aus dem Dorf anwesend.

Eine junge Frau feiert fröhlich in einer Diskothek mit ihren Freundinnen. Sie erwacht, als es bereits dämmert, in einer dunklen Häuserecke. Sie erinnert sich nicht, wann, wie und mit wem sie die Diskothek verlassen hat. Sie hatte nur zwei Gläser Bier getrunken. Sie kann sich aber erinnern, dass es ihr nach dem zweiten Bier plötzlich extrem schlecht ging. Weil sie starke körperliche Probleme bekommt, ruft sie den Notarzt. Im Krankenhaus wird sie wie eine Frau, die zu viel getrunken hat, behandelt. Am nächsten Morgen wird endlich Blut für einen Drogentest abgenommen. Dieser ist positiv. Kurze Zeit später ist sie schwanger. Sie hat abgetrieben und niemandem in ihrem Umfeld davon erzählt. Sie leidet weiter still. Anzeige gegen unbekannt hat keinen Sinn, wurde ihr gesagt.

Mehr denn je kann ich aus meinen vielen Gesprächen mit Betroffenen vermuten, dass es weit mehr Opfer gibt, als wir glauben, und dass der größere Prozentsatz tatsächlich im direkten sozialen Umfeld liegt.

Auszug aus einem Schreiben nach meiner Lesung zum Thema K.O.-Topfen im Jugendvollzug vor männlichen Straftätern.

Liebe Frau Glueck,

zum Anfang wollen wir Ihnen nochmals ganz herzlich danken für Ihren Besuch.
Wir wollen Ihnen im Rückblick mitteilen, dass uns Ihr Besuch sehr geholfen hat für jetzt und unsere Zukunft und dass wir jetzt viel mehr darauf achten werden, egal wo wir uns befinden.
Wir möchten Sie gerne fragen, wie es Ihnen geht und wie Ihre weitere Zukunft geplant.

Wir möchten Ihnen auch noch mal unseren größten Respekt aussprechen, dass Sie über dieses Thema so offen reden können. Wenn Sie noch weitere Fragen an uns Inhaftierte haben, so bitte melden Sie sich.

Zum Schluss möchten wir Ihnen aus dem offenen Vollzug noch viel Glück wünschen auf Ihrem weiteren Weg und bleiben Sie so, wie Sie sind.

Als ich dieses Schreiben nach meiner Lesung erhalten habe, war ich sehr dankbar, dass ich an so einem sinnvollen Ort lesen durfte, um Menschen zu sensibilisieren.

An dieser Stelle ein herzliches Dankeschön an die Menschen, die dies ermöglichst haben. Mir hat die positive Reaktion der Jugendlichen wieder ein Stück geholfen, dass Gute im Menschen zu sehen.

Empfehlungen eines Polizei-Beamten

Um mir klar zu machen, dass ich Opfer eines schweren Verbrechens geworden bin, hat mir ein sehr empathischer Beamter diesen Auszug aus dem StGB gegeben.

So steht es im

Strafgesetzbuch § 177 Sexueller Übergriff; sexuelle Nötigung; Vergewaltigung

(1) Wer gegen den erkennbaren Willen einer anderen Person sexuelle Handlungen an dieser Person vornimmt oder von ihr vornehmen lässt oder dieser Person zur Vornahme oder Duldung sexueller Handlungen an oder von einem Dritten bestimmt, wird mit einer Freiheitsstrafe von sechs Monaten bis zu fünf Jahren betraft.

(2) Ebenso wird bestraft, wer sexuelle Handlungen an einer anderen Person vornimmt oder von ihr vornehmen lässt oder diese Person zur Vornahme oder Duldung sexueller Handlungen an oder von einem Dritten bestimmt, wenn

1. der Täter ausnutzt, dass diese Person nicht in der Lage ist, einen entgegenstehenden Willen zu bilden oder zu äußern,
2. der Täter ausnutzt, dass die Person auf Grund ihres körperlichen oder psychischen Zustands in der Bildung oder Äußerung des Willens erheblich eingeschränkt ist, es sei denn, er hat sich der Zustimmung dieser Person versichert,
3. der Täter ein Überraschungsmoment ausnutzt,
4. der Täter eine Lage ausnutzt, in der dem Opfer bei Widerstand ein empfindliches Übel droht, oder

5. der Täter die Person zur Vornahme oder Duldung der sexuellen Handlung durch Drohung mit einem empfindlichen Übel genötigt hat.

(3) Der Versuch ist strafbar.

(4) Auf Freiheitsstrafe nicht unter einem Jahr ist zu erkennen, wenn die Unfähigkeit, einen Willen zu bilden oder zu äußern, auf einer Krankheit oder Behinderung des Opfers beruht.

(5) Auf Freiheitsstrafe nicht unter einem Jahr ist zu erkennen, wenn der Täter

1. gegenüber dem Opfer Gewalt anwendet,
2. dem Opfer mit gegenwärtiger Gefahr für Leib oder Leben droht,
3. eine Lage ausnutzt, in der das Opfer der Einwirkung des Täters schutzlos ausgeliefert ist.

(6) In besonders schweren Fällen ist auf Freiheitsstrafe nicht unter zwei Jahren zu erkennen. Ein besonders schwerer Fall liegt vor, wenn

1. der Täter mit dem Opfer den Beischlaf vollzieht oder vollziehen lässt oder ähnliche sexuelle Handlungen an dem Opfer vornimmt oder von ihm vornehmen lässt, die dieses besonders erniedrigen, insbesondere wenn sie mit einem Eindringen in den Körper verbunden sind (Vergewaltigung), oder
2. die Tat von mehreren gemeinschaftlich begangen wird.

(7) Auf Freiheitsstrafe nicht unter drei Jahren ist zu erkennen, wenn der Täter

1. eine Waffe oder ein anderes gefährliches Werkzeug bei sich führt,
2. sonst ein Werkzeug oder Mittel bei sich führt, um den Widerstand einer anderen Person durch Gewalt oder

Drohung mit Gewalt zu verhindern oder zu überwinden, oder
3. das Opfer in die Gefahr einer schweren Gesundheitsschädigung bringt.

(8) Auf Freiheitsstrafe nicht unter fünf Jahren ist zu erkennen, wenn der Täter

1. bei der Tat eine Waffe oder ein anderes gefährliches Werkzeug verwendet oder
2. das Opfer

a) bei der Tat körperlich schwer missbraucht oder
b) durch die Tat in die Gefahr des Todes bringt.

§ 224 Gefährliche Körperverletzung

(1) Wer die Körperverletzung

1. durch die Beibringung von Gift oder anderen gesundheitsschädlichen Stoffen,
2. mittels einer Waffe oder eines anderen gefährlichen Werkszeugs,
3. mittels eines hinterlistigen Überfalls,
4. mit einem anderen Beteiligten gemeinschaftlich oder
5. mittels einer das Leben gefährlichen Behandlung

begeht, wird mit Freiheitsstrafe von sechs Monaten bis zu zehn Jahren, in minder schweren Fällen mit Freiheitsstrafe von drei Monaten bis zu fünf Jahren bestraft.

Kurzinfo Schule

Ich habe Jugendliche und Studenten gefragt, was eine sinnvolle Information zum Thema K.O-Tropfen für sie beinhalten soll, darum gebe ich folgende Kurzinformationen in Schulen und Universitäten aus:

Lass Dich nicht k.o.-tropfen, dass solltest Du wissen!!!

1. **K.O.-Tropfen** sind betäubende Mittel, die eine enthemmende Wirkung haben und je nach Dosierung Übelkeit und Benommenheit bis zur Bewusstlosigkeit verursachen. In der Regel sind diese Substanzen farblos, geruchs- und geschmacksneutral. Manchmal fällt ein salziger oder seifiger Geschmack auf, der jedoch leicht durch starken Eigengeschmack des Getränks oder Essens (z.B. Cocktail, Fruchtsaft, Eis oder stark gewürztes Essen) überdeckt werden kann.

2. **K.O.-Tropfen** werden von Tätern, häufig im direkten sozialen Umfeld, unbemerkt in Essen oder Getränke gegeben und gezielt eingesetzt, um **Frauen**, **Männer** oder **Kinder** willenlos zu machen. Um sie dann zu missbrauchen oder auszurauben. Die Täter können Fremde sein, gehören aber leider häufig zum persönlichen Umfeld der Opfer.

3. Unter der Wirkung von **K.O.-Tropfen** wirken Betroffene gedämpft, vielleicht an- oder stark betrunken. Sie sind zeitweise scheinbar aktiv am Geschehen beteiligt, aber aufgrund der bewusstseinstrübenden Wirkung nicht in der Lage, selbstbestimmend einzugreifen. Hinterher spüren die Betroffenen, dass etwas geschehen ist, das sie nicht wollten. Sie können sich jedoch nur schemenhaft oder gar nicht an die letzten Stunden erinnern. Dadurch sind Opfer von K.O.-Tropfen-Überfällen stark verunsichert und haben das Gefühl, sich falsch verhalten zu haben oder fürchten den Vorwurf, betrunken gewesen zu sein.

4. Alkohol und Medikamente verstärken die Wirkung der Drogen!!! Es können **lebensbedrohliche** Zustände wie Atemstillstand oder Koma auftreten.

Wenn Du den Verdacht hast, Opfer eines gewaltsamen Übergriffs unter Einfluss von K.O.-Tropfen geworden zu sein, ist dies eine sehr belastende Erfahrung. Bitte hol Dir Rat und Hilfe, Du bist es wert! Der Weisse Ring, Frauennotruf usw. **bieten Dir kostenlose und vertrauliche** Informationen und Beratungen an - auch wenn Du Dir unsicher bist, ob K.O.-Tropfen verabreicht wurden!

Es ist ratsam, sich ärztlich auf Verletzungen, Infektionen oder Spermaspuren untersuchen zu lassen. Um einen Nachweis über die Verabreichung einer Droge zu erhalten, ist ein sehr zeitnahes Handeln nötig.

Es sollten möglichst schnell Urin- und oder Blutproben genommen werden, da einige Substanzen nur kurze Zeit nachweisbar sind (bei Einsatz von z.B. GHB-Tropfen **max. 8 Std.** im Blut, **max. 12 Std.** im Urin.)
Blutproben sollten möglichst tiefkühlt werden. (Privates Einfrieren von Proben wird als Beweismittel nicht anerkannt.) Eventuell kann eine Haarprobe zu einem späteren Zeitpunkt noch eine Bestätigung ermöglichen. (Dieses Verfahren ist allerdings mit hohen Kosten verbunden.)
Die Untersuchung kann auch durch Deinen Hausarzt/ärztin erfolgen.
Entnommene Proben sollten zur Abklärung an ein Gerichtsmedizinisches Institut geschickt werden. Dort können sie anonym gelagert werden.

Alle Ärzte sind der Schweigepflicht unterworfen, d.h. dass mit der Untersuchung und Beweissicherung noch keine Anzeige erfolgen muss, wenn Du das nicht möchtest.
Falls Du möchtest, kann dieser Schritt auch später noch erfolgen. Die Ergebnisse der Untersuchung sollten deshalb in jedem Fall gerichtverwertbar dokumentiert und aufbewahrt werden.

Wie kannst Du Dich, Deine Freunde/innen und Deine Familie schützen?

1. Bespreche mit Freunden/innen, aufeinander zu achten und im Verdachtsfall füreinander da zu sein.

2. Verfolge genau, wer Dein Getränk zubereitet und lass Dein Glas nicht unbeobachtet, im Zweifel Dein Glas nicht austrinken.

3. Wenn Du Dich plötzlich benommen oder schwindelig fühlst, Dir übel wird, Du nicht mehr richtig sehen kannst oder ähnliches, informiere bitte sofort Deine Freunde oder ggf. das Personal im Lokal und bitte um Hilfe.

4. Wenn du beobachtest, dass jemand einer anderen Person etwas ins Glas oder Essen mischt, gebe bitte unbedingt einen Hinweis und sieh nicht einfach weg!

5. Sei Dir bewusst, dass Täter Fremde sein können, aber auch Bekannte, Nachbarn, Kollegen, Angehörige usw.

6. Verlasse einen Ort, an dem Du Dich komisch oder nicht sicher fühlst. Vertraue Deinem Gefühl!

7. Wenn eine Person angetrunken wirkt, ohne entsprechenden Alkohol zu sich genommen zu haben, wenn sie scheinbar „neben sich steht", wenn ihr unerklärlicherweise übel wird, wenn jemand sie hinausführen will, mit dem sie sonst nicht mitgehen würde usw., sollten Freunde/innen, Bekannte oder Umstehende eingreifen und ggf. Hilfe holen und sich einmischen. Du könntest ein Leben retten!!!

8. Wenn Du mit Freunden/innen ausgehst, geht auch gemeinsam wieder nach Hause.

9. Im Zweifel immer ärztliche Hilfe holen, da im Fall einer Überdosierung oder in Wechselwirkung mit Alkohol oder Medikamenten ernsthafte Lebensgefahr bestehen kann.

10. Wenn Du einen Filmriss hast und/oder blaue Flecken, Verletzungen, ein unerklärliches Schuld- oder Schamgefühl, die Du nicht einordnen kannst, vertraue Dich jemanden an und wende Dich an eine Beratungsstelle.

Lasst Euch das fröhliche Feiern nicht durch skrupellose Verbrecher vermiesen. Redet einfach in Euren Kreisen über das Thema K.O.-Tropfen. So zeigt Ihr, dass Ihr gegenseitig auf Euch aufpasst. So macht Ihr es den Tätern sehr schwer, denn sie müssen immer damit rechnen, entdeckt zu werden.

Leider bekommt niemand diese Drogen vom Markt. Damit bleiben sie eine ständige Gefahr für jeden. Allerdings sind Autos auch eine Gefahr für jeden, der es nicht gelernt hat, wie man sich im Straßenverkehr davor schützen kann, überfahren zu werden.
… und wenn es doch einen Verkehrsunfall gegeben hat, wirst Du bestimmt dem Opfer helfen wollen und nicht zusehen, wie jemand verblutet …

Die Wirkung von K.O.-Tropfen hat häufig fatale Folgen

Sie schalten zuerst den eigenen freien Willen aus, bevor sie den Körper lahmlegen. Nach der Einnahme von K.O.-Tropfen merken Betroffene meist, das ihnen übel oder schwindelig wird - als hätten sie zu viel Alkohol getrunken. Viele spüren sofort, dass diese Symptome nicht vom Alkohol kommen und erkennen die Gefahr. Bereits vor dem Verlust des Bewusstseins machen die Drogen wenige Minuten nach der Einnahme willenlos und manipulierbar. Dennoch können betroffene Personen noch eine Weile lang „normal" reden und sich bewegen, ohne dass es für Außenstehende klar ersichtlich ist, dass sich das Opfer bereits im „Blackout" befindet.

Diese Wirkungsweise erklärt, warum K.O.-Tropfen so häufig in öffentlichen Räumen verabreicht werden: Den Tätern bleibt Zeit, die betäubte Person an einen anderen Ort zu führen. Die Opfer handeln, ohne Bewusstsein darüber zu haben und scheinen aktiv am Geschehen beteiligt, sind aber aufgrund der bewusstseinstrübenden Wirkung nicht in der Lage, selbstbestimmt einzugreifen und sich zu wehren. Sie sind in diesem Stadium praktisch reine Befehlsempfänger ohne freien Willen!!!

Je nach Dosierung führen diese Drogen zu Wahrnehmungsverschiebungen, Sprachstörungen, Benommenheit und schlagartiger Bewusstlosigkeit. Aus dieser Bewusstlosigkeit wachen Opfer oft abrupt wieder auf und können sich oft gar nicht oder nur sehr bruchstück- oder schemenhaft an die letzten Stunden erinnern. Es kann, besonders in Verbindung mit Alkohol sowie Medikamenten, zu starken Nebenwirkungen wie Übelkeit, Erbrechen, Krämpfen, Schwindel, Kopfschmerzen, Verwirrtheit, Atemnot bis hin zu schweren Atemstörungen kommen, die auch viele Stunden, teilweise Tage später noch anhalten können.

Die Erinnerungslücken auszuhalten und mit der Ungewissheit und der Tatsache des eigenen totalen Kontrollverlustes zu leben, beschreiben Betroffene als das schwierigste Problem. Sie wachen

an Orten auf, die sie nicht kennen, oder sie wissen nicht, wie sie dorthin gelangt sind.
Viele Opfer haben zunächst nur das starke Gefühl, dass etwas Schreckliches geschehen ist, oder sie spüren, dass es zu einer Vergewaltigung gekommen ist.

Nicht zu wissen, was geschehen ist und dies folglich nicht mitteilen zu können, hält viele Betroffene davon ab, sich Hilfe zu holen, obwohl sie häufig die Täter kennen.

Aus Angst, dass ihnen keiner glaubt oder ihnen ein hoher Alkoholkonsum unterstellt wird, vertrauen sich viele Überfallene niemandem an. Sie scheuen demzufolge davor zurück, dieses Verbrechen anzuzeigen. Neben dieser Problematik kommen Scham, Schuldgefühle sowie Selbstvorwürfe auf. Zweifel an der eigenen Glaubwürdigkeit, vor allem, wenn sie aussagen, dass sie zum Teil mitbekommen haben, was vor sich ging, aber unfähig waren Gegenwehr zu leisten, verstärken diese Verhaltensweise. Diese Umstände und die extrem kurze Zeitspanne der Nachweisbarkeit von K.O.-Tropfen führen dazu, dass sich die Täter sehr sicher fühlen und eine strafrechtliche Verfolgung kaum fürchten.
Sind Opfer und Täter bekannt, behaupten Täter, die Missbrauchten hätten es so gewollt und freiwillig mitgemacht. Oft erpressen die Täter Opfer mit dem Hinweis, die Untaten gefilmt zu haben und diese Aufnahmen an Freunde, Eltern usw. zu schicken und ins Internet zu stellen.

Jahrelanges Schweigen und der Versuch, das Verbrechen zu verdrängen, führen häufig zu einer schweren Erkrankung (Posttraumatische Belastungsstörung, Angststörung und vieles mehr) und belasten Opfer teilweise ein Leben lang. Weil Familie und Freunde häufig gar nichts von dem Verbrechen wissen, können sie auch nicht helfen. Darum ist es so wichtig, Opfern Mut zu machen, sich frühzeitig Hilfe zu holen und sich jemandem anzuvertrauen.

Die Mitarbeiter/rinnen verschiedener Beratungsstellen begleiten und unterstützen Betroffene auf Wunsch. Sowohl bei der Anzeigenerstattung wie auch im späteren Gerichtsprozess.

Bei allen Verbrechen unter dem Einfluss von K.O.-Tropfen kann es trotz gestörten Erinnerungen der Betroffenen zu einer Verurteilung des Täters kommen.

Alleine die Betäubung einer anderen Person an sich ist strafbar und die nachfolgenden Taten können gerade wegen des bewussten Einsatzes von Drogen durch das Gericht als schwerwiegender gewertet werden.

Wenn Du kein Opfer bist, dann hilf uns mit diesem Tabu zu brechen und rede drüber, damit sich Opfer nicht mehr schämen, weil sie überfallen wurden. ... damit Du und Deine Lieben niemals diese schreckliche Erfahrung machen müssen.

Danke dafür

Petra Glueck

Du hast Fragen?
Du hast Interesse an einer Lesung oder Präventionsarbeit?
Schreib an: info@petraglueck.de
Selbstverständlich wird Deine Mail vertraulich behandelt.
Infos zum Thema findest Du unter www.petraglueck.de

Unterstützung bieten

Die örtlichen Frauennotrufe und Beratungsstellen für Frauen.

Der WEISSE RING, Deutschlands größte Hilfsorganisation für Opfer von Kriminalität, hilft mit seinem bundesweiten Netzwerk schnell, kostenlos und unkompliziert. Die ehrenamtlichen, professionell ausgebildeten Mitarbeiter in den 420 Außenstellen leisten menschlichen Beistand und erörtern in Gesprächen zusammen mit den Betroffenen Hilfsmöglichkeiten. Sie begleiten Opfer bei Gängen zur Polizei oder zu Gerichtsterminen, um durch ihre Anwesenheit als Vertrauensperson zu unterstützen. Zudem gewährt der WEISSE RING finanzielle Hilfen wie zum Beispiel Hilfeschecks für eine anwaltliche oder eine psychotraumatologische Erstberatung. Die ehrenamtlichen Mitarbeiter des Opfer-Telefons sind unter der Rufnummer 116 006 täglich von 7 bis 22 Uhr erreichbar oder unter www.weisser-ring.de.
Viele weitere Hilfsorganisationen, auch in Deiner Nähe, findest Du im Internet.

Impressum:

Manuela Kinzel Verlag
73037 Göppingen * 06844 Dessau
Tel. 07165 / 929 399

info@Manuela-Kinzel-Verlag.de
www.Manuela-Kinzel-Verlag.de

2. Auflage, 2019

ISBN 978-3-95544-117-3

Über die Autorin

Petra Glueck wurde 1961 als 5. Kind einer Großfamilie in Niedersachsen geboren. Schreiben wurde zu einer erfolgreichen Therapie und einer Mission. Trotz viel Gewalt, auch schon in frühester Kindheit, will sie sich ihre positive Lebenseinstellung auf Dauer nicht nehmen lassen und kämpft sich ins Leben zurück.

Meine Kontaktadresse:
info@petraglueck.de
www.petraglueck.de